PAROLES D'UNE ÎLE VAGABONDE

ISBN : 978-2-36013-065-8

75 rue de Gergovie
75014 Paris
http://www.riveneuve.com

Dominique Deblaine

Paroles d'une île vagabonde

Arpents Riveneuve éditions

À Guille, premier témoin à tout autre préféré
À mes enfants, Antoine et Julie
À Manou, Vincent, Ti-Chou, Tam-Tam et Jules
À mes amis.

« Par moments, tout m'affole, les flocons des flamboyants, les vols des frégates, les chants des merles, les cris des éperviers, le ruissellement des rivières, jusqu'au clapotis des vagues que j'entends résonner comme un tonnerre. J'ai peur du temps, j'ai peur du zénith et du nadir, du sommeil et de l'éveil ; je tremble sottement quand les éclairs n'en finissent pas de labourer les nuits, quand les hommes et les femmes s'obstinent au vacarme et que mon île criarde devient cacophonique, masquant ainsi la quiétude d'un territoire sorti de l'enfer. »

1

... Et me voici, île frontière, deux pas d'homme, lieu insignifiant et incontournable de crépuscules affolants, de nuits sans fond, d'aubes stupéfiantes ; île calcaire et volcanique, tout entière offerte, concédant entrailles fécondes en pamplemousses, ignames, cythères et corossols, octroyant cascatelles éblouissantes en eaux bleues de baignade et consentant bombances, festins, répits et sommeils. Fragment d'archipel peuplé de sucriers matinaux, grenouilles nocturnes, malfinis diurnes, crabes senestres, me voici île territoire frétillant. Mêlant aux vivants senteurs d'allamandas jaunes et pourpres, de six mois vert six mois rouge, de baraguettes et de caféiers, splendeur des sabliers et immortels, douceur des palmiers céleri, des tamarins bâtards, et beauté des nénuphars, me voici île admirable sous la brise plus bruissante que palmes de cocoteraies, plus odorante que frangipaniers. Mes oiseaux aventureux, voguant de plaines en mornes, attisant des désirs mélancoliques sous la clémence de la lumière de décembre, chantent sans trêve la beauté de mes nuages tantôt pesants comme tortues molocoys en ponte tantôt légers comme colibri, louent la grâce de mes pâturages d'hivernage, s'émerveillent de mes offrandes, saluent ma munificence et ma mansuétude même s'ils s'affolent parfois de mon avarice et déplorent la défaillance de mes miettes d'herbes en carême.

... Et me voici île semblable à une enfant dissipée que l'on ne gronderait pas, tresses dénattées, genoux écorchés, rires gourmands et candeur farouche conviant à l'envi aux soleils matinaux, aux ciels azurés et aux lunes pleines. Corps tendre comme figue-pomme, je présage de jardins féconds bassinés par l'eau de rosée et, irriguée de sollicitude, je croîs sur mes frêles jambes tantôt en poussée bambou tantôt en maturation balata. J'ai la vigueur des haleurs de gommiers, la patience des pêcheurs de poulpes, l'adresse des maîtres-oursins, l'aisance des marchandes, la majesté des frégates, la témérité des merles et la nonchalance des jours après la tourmente des nuits. Je ne suis pas quiétude naïve ou assurance criarde, ce n'est que mon fier orgueil qui me donne l'apparence d'une insupportable scandaleuse.

… Et me voici île abordage, ma plage pérenne et mes hauts gardiens immuables, têtes chevelues chargées de fruits d'eau, corps cambrés par les vents frénétiques et pieds amarrés au sable dur. Patiente sous le lourd soleil, vide de grappes humaines, elle est là, ma plage, calme et douce, dans l'attente des pullulements des dimanches. Sable blanc, sable noir, roches galets, ma plage indolente et avenante multiplie les apparences, prévient la monotonie, esquive l'ennui, rythme le ressac de jour comme de nuit, flux-reflux-flux-reflux, choua-choua.

… Et me voilà île intérieure chemins de montagne, traces balisées semblables à des cortèges de fourmis-bâtisseuses affairées ; arbres chétifs en carême, exubérants en hivernage, savane indigente sous soleil d'avril. Lambinant pire que tortue de février à juin, m'agitant sous les pluies de juillet, je m'affole en septembre.

Mais…
sur mon territoire, tout prolifère et se délite ; chaleur et humidité, bienveillantes ou assaillantes, font de la vie un combat exaltant sans fin : défrichements, plantations, sarclages, sauvegardes habitations. Victoire devant : portails fer forgé, balustrades mahogany, boiseries acajou, claustras colorés ; triomphe dedans : casseroles, fenêtres, miroirs, tout brille, lits, canapés, tables, tout est paré et partout trônent fleurs naturelles, fleurs plastiques, fleurs images. Propreté est maîtresse, idée fixe. Défaite à l'arrière : parements écaillés, rambardes ciment, huisseries bois chiche, claires-voies délavées ; déroute alentour : ramassis et détritus, voitures rouillées désossées, pneus pourris, bassines antiques, amas branchages, planches talées. Et ça traîne comme le temps qui s'allonge de six heures à dix-huit heures.

Mais… si parfois, le temps s'étire interminablement dans une attente d'apocalypse, il n'est pas vrai qu'il est *plus calme que la face* d'un homme qui ment ; pris de panique, il s'accélère de dix-huit heures à minuit. Sale temps schizophrène, névrotique, hystérique ; sale temps qui fait blanchir plus vite que linge à la blannie, fait écumer pire que chien enragé ; sale temps trouble-fête, sale temps qui ne sait pas ce qu'il veut.

… Et,
me voici île foulée par les masses en dérade, étouffée par l'ingratitude consternante de ma progéniture ; île rencontres inéluctables, visages immuables, histoires ressassées en cancans et ragots. Est-ce l'évidence de mes frontières qui enfante la certitude, l'assurance manifeste, l'inertie, les dires-affirmations de mes habitants qui se rient du savoir et vénèrent l'expérience ?

Vécu, expérience, mots sésame de la fatuité. Imaginer des doutes, visiter des inexistants, percer les âmes, saisir le sel de la terre : perte de temps. Pourquoi chercher ? Trop fatiguant. Je n'entends pas de dialogues, mais monologues vindicatifs, certitudes infligées ; *penser même contre soi-même*, paraît impossible. Interroger les faits, soupeser les arguments… perte de temps. Toute main tendue, quémandant amour et pitié, est promptement coupée ; les brigands imposent leur loi, leur domination, crucifiant à tour de bras et réfutant toute culpabilité, probablement apeurés par leur propre impéritie. Alors, dans l'incendie du jour et la douceur des nuits, on tient crachoir, on dégorge sa suffisance, on éructe sa morgue. Sourd la rumeur rancunière et dérisoire, grossit la contestation étriquée, malingre, amère, et enflent les vociférations comme crapauds vaniteux, sans savoir pour qui pour quoi. Paroles saccage, paroles massacre, paroles rigolade, paroles-rhum-ti-punch, paroles-pitt-dominos, paroles à tout-va.

… Et voici la crasse de l'alcool avec son cortège de mots putains, de mots vomissures. Je crie “À moi ! Assez de kounyan manman'ou”, de “fouté an kyou a-i”, mots de la tradition proxénète et catin. À l'aide, à moi ! Je crie au secours, je crie pitié-bondieu, miserere seigneur. L'indigence, de la malchance à la racaille en passant par les routiniers des paradis artificiels à deux sous, les miséreux roulant en bolides et affichant habits de noces, ornements de bagatelle et bijoux fastueux, s'est emparée de moi. Alors, dans ces criailles, j'énumère mes noms : Karukéra, Île-aux-belles-eaux, Guadeloupe.

… Et voici le cortège des notables et son avant-garde : médecins, avocats, autant d'empereurs de l'île, méprisants de gagne-pain, adorateurs d'argent de *peur-que-ça-ne-suffise,* de peur-de-manquer, de peur de ressembler à un moins-que-rien-boloko. Voici aussi les endimanchés de tous les matins, bonnes gens si croyants, si pratiquants, propres comme canaris en plein soleil. Dès les premiers sons de cloche, ça se précipite à l'église, ça défile devant les curés, qui pour la confession, qui pour l'hostie, qui pour les kyrie eleison… kyrie eleison… leison… Jésus est ma gloire… c'est ma faute, ma très grande faute… Puis, cette foule pieuse repart pour le profane des journées ; et le soir venu, à peine rentrée, troque vêtements honorables contre pantalon élimé, chemise tachée et sandales surannées.

… Et voici le rire des hommes quand leur sérieux de broutille prend congé, rire indescriptible, rire incohérent, rire aberrant, déraisonnable, extravagant, mystifié. Ils rient en dehors des femmes, s'obligent à la démarche violente de coqueurs, de désir sauvage, cannibale, luciférien. Paradant le jour, ils font main basse sur la ville de nuit, errent tels des chiens sans niche et sans gamelle, chassent comme pélicans grands-gosiers affamés, zombifient rues, ruelles, places, savanes, cadenassent braves gens. Ils font de ma nuit l'inhumanité, la détestation même avec leurs yeux rougis par les bouteilles à 50 ou 59 degrés et leurs regards pernicieux comme trompettes du jugement sur le sexe des femmes. Regards assassins, violeurs. Alcool, voitures, femmes, telle est leur trinité. Vétillards, capricieux, colériques, irascibles, sournois, dévastateurs, tels un cyclone ivre, s'éprendre de ceux-là c'est tomber à terre comme fruit à pain à maturité, et s'enticher des affectueux, doucereux, mielleux, c'est confondre cajou et pomme d'eau. Leurs voix trahissent la certitude, l'assurance du bon droit, du bon sens ; ils ne parlent pas, mais pérorent et paradent. Ils babillent haut et fort, assènent leurs croyances. On les écoute, ces cancres, on n'ose dire mot tyrannisé par le professoral de leur parole. On écoute, on n'en pense pas moins ; et si d'aventure ils prennent la mesure de leur ridicule, achevant leur diatribe par une boutade, ils s'en sortent avec les honneurs. Scène mille fois répétée. Mais ne rien dire, c'est laisser la place aux forcenés de l'affirmation, de l'insulte facile telle crachat de poulpe, et pourtant si peu enclins à utiliser leur billet-avion à bas prix. Les rois de mon territoire, maîtres de l'espace collectif mais aussi domestique quoi qu'on en dise, ne supportent pas d'être noyés dans la masse. Ailleurs, ils sont perdus tant il est vrai que de déchoir de son pouvoir est insupportable. Ce sont des fanfarons qui savent quelle est leur place. Il faut dire aussi que sortir de mon territoire, c'est s'encombrer d'attentes, s'accommoder de fatigues, dépendre de tout, accepter d'être sardines en migration.

Mais il n'est pas vrai…

… que ma nuit bordeuse de rêves leur appartient ; conviant les assoiffés d'étoiles, les danseuses de lune, les conteurs d'irréel et d'avenir, son ombre titanesque trame des envols fantasmagoriques, marie probable et hypothétique, séraphique et démoniaque. Faisant écran aux horizons colorés, ma nuit tresse souvenances fantomatiques et espérances inquiètes. On peut la trouver plus tenace que blatte en case, plus vorace qu'enfant à la saison des mangues ;

or, plus majestueuse que ravenala, plus gracieuse que suriau en fleurs, elle déploie son ramage comme bénédiction qui absout péchés.

… Et puis, voici les tendres, les plus sereins, qu'on enferme dans des surnoms méprisables, Femmelette, Cocotte, si ce n'est dans l'injure, Makoumè. Pourtant, ceux-là s'offusquent de la saleté, se désolent de la pauvreté, de la déliquescence et créent des vergers mémoire, plantent espèces en danger, mangent plus local que local pour assurer une sauvegarde et un ancrage. Ils n'ont pas la véhémence de leurs offenseurs ; ce sont des hommes calmes dans leurs jugements et efficaces dans leurs gestes.

… Me voici donc, moi et mes obscurs préjugés. Indiens, Blancs, Syriens, Mulâtres, Chinois, Noirs, Rastas, forgent encore citadelles, fortins de fadaises, palais de broutilles. Usine béké-Gipanse, plantation béké-Saint-Amois, distillerie Cémois, sucrerie-distillerie Sainte-Marchande, habitation béké-Gipanse, maison-Marchande, ont fait cassonade, eau-de-vie et bagasse. Sur le tard, maison-békée-habitation-Marchande est devenue maison-prix-mécène-Marchande. Mais épouse du vieillard Appâté, maître habitation-Gipanse, pas Négresse-campêche, pas Indienne-colombo, pas Chinoise-pays, pas vieille-femme stérile, pas femme déjà suitée. Non, jeune femme peau laiteuse, cheveux lisses, bassin promesse fertile comme ma Basse-Terre. Maison Appâté ne saurait faire famille-pays métisse, ne pourrait faire lit nuptial pays mêlé. Fils Appâté, blond comme les blés, gambadant sur les hectares de la propriété, recevant collations et repas de sa servante, commandant déjà ses domestiques avec mon accent traînant. Haler, ramer, souquer encore plus fort pour un petit Appâté caramel, sucre non raffiné, cheveux si frisés que crépus et yeux ébène.

Usines békées, commerces békés, syriens, libanais, chinois, magasins dégourdis, boutiques débrouillardes, se partagent mon espace ; mais est-il bien loin le temps de *los negros, trabajando junto al vapor, de los árabes, vendiendo, de los franceces, paseando y descansando, y el sol, ardiento* ? Ah ! *West Indies* ! Oh ! Paradis un instant rêvé, jamais accompli. On voit encore des Nègres affairés comme chauve-souris dans les cales des bateaux, des Syriens vendant à qui mieux-mieux, des Français-souche traînant dans la rue parfois comme chien las, parfois comme ti-coqs,

… et le soleil noir, piquant, rompant les roches.

Certains croient, d'autres se persuadent, que naissance donne des droits, ancre dans des territoires comme des forteresses, des camps retranchés. Parfois, il me semble que leur arrogance transforme leur visage en forme sauvage, que leurs paroles ne sont qu'aboiements, et je vois alors soudainement leur poitrine gonflée d'orgueil, leurs nerfs à fleur de peau, leur bouche écumante. Ils vivent l'enfance comme une arme.

On voit encore ceux qui font grand commerce et ceux qui suent comme bêtes de somme. On en voit même qui croient aux paradis rhum, aux paradis cigarettes-trafiquées-arrangées, aux paradis tous genres. D'accord, pas d'accord, c'est ainsi ! Les chiens jappent toujours aussi fort, gueule de travers, bave abondante. Chiens cachés derrière faux-semblant d'humain, face accueillante, sourire filou. Ils sont toujours là, les faiseurs d'argent, les détrousseurs de vivants, les malandrins de miséreux, les affamés sans fin ; et, si on a peine à les reconnaître, c'est qu'ils ont habilement changé d'allure, caché leurs griffes dans les poches de leurs beaux costumes, tronqué leurs bottes contre bottines vernies, leurs crachats venimeux contre paroles-prop'té. Mais en vrai, ils ont aiguisé leurs crocs, affermi leurs jarrets, endurci leurs poignets, étendu leurs potentats, habilement dressé leurs gardes, pour porter coups, coups et coups.

Mais…
puisque, paraît-il, débrouillardise n'est pas péché, voici les bœufs, bêtes des au-cas-où, des dépenses imprévues ; bêtes abattues en cachette au petit matin vers les cinq heures moins vingt et vendues en catimini avant le lever du soleil. De la bonne viande locale, disent certains, mais découpage aléatoire : basse-côte, faux-filet, quartiers à griller, à braiser ou à rôtir, s'entremêlent et se vendent au même prix. Policiers, médecins, employés, enseignants, chauffeurs de cars, tous ont leur bœuf en prévision de jours difficiles.

DRAMATISATION. Tout est dramatisation, cris soudains, pleurs pour un rien, rires inopinés, esclandres comme éclairs, courir-courir pour la viande bœuf ou cochon, crier-crier pour le poisson de la nuit. Conflits de terre, de pauvres héritages, font scandales sempiternels à la manière des familles criardes, unies, désunies, jouant aux bons sentiments sur la plage des dimanches où mangeailles, ripailles, plongées eau de mer, rinçages eau douce, se mêlent aux rires et aux pleurs des enfants qui jouent, boudent, jouent et renâclent. Dimanches épuisants ravagés par les rengaines rituelles. Dramatisation à tout rompre à l'égard du temps changeant, analyses frénétiques des signes avant-coureurs d'un hypothétique désastre : méduses labiles en bord de plage, prolifération de poissons inhabituels ; ciel trop clair, journée trop chaude ; trop de pluie, trop de vent de nuit ; Marie-Galante bizarrement lointaine, Les Saintes étonnamment proches, La Dominique curieusement à portée de main, font discours hystérique.

TEMPÊTE. À peine annoncée, tous mes habitants font provision d'eau, de bougies, pétrole, piles transistor. Branle-bas général. Finalement, si ma nuit n'a pas connu le désastre annoncé, ni vent, ni pluie, ni orage, ni dégâts, c'est un étrange matin ballotté entre soulagement et déception qui s'abat sur moi. Trop de calme, trop de soleil, trop de pesanteur, trop de silences, de pauses, de bonheur dont mes habitants ne savent que faire en somme.

CYCLONE ! En voilà un qui ne trompe pas. Il charroie avec lui peurs, pleurs et effroi. Alerte numéro un : premières angoisses, premières pressentiments, premières suppositions ; alerte numéro deux : craintes, frayeurs, affolements ; alerte numéro trois : épouvantes, paniques, terreurs. Fini les craintes sans raison, les affolements sans motif, voici les tremblades réelles, les futurs d'Atlantide, les prières péroraison.

On dit qu'il faut *faire face*. Je connais ça ! Je ne connais que ça ! *Faire face !*

Alors…,
je calme mon souffle, maîtrise ma respiration, regarde

différemment ma progéniture avec son cortège de lassitudes, de tracas, de questions sans réponses, d'innocence, de sincérité et d'espérance, car vivre c'est aussi goûter le temps en ignorant les coups bas, les jalousies, les vilénies. En quelque sorte, je prends ombrage de mon abominable humeur, j'apaise ma colère démesurée et mes ressentiments excessifs.

... Et me voici île ancestrale, mémoire racines profondes, racines aériennes, arbres-pays, arbres-transbordés, souches vivaces, souches mortes pas même déchouquées. Île rassurante, corde de mots, de chuichuitements, de regards en liane-loren, de bonjour commère comment va la vie, de au revoir compère bonne journée, de sisite petit pourquoi tu pleures, de bienvenue ma fille raconte ton rêve. Île des coumbites, lewòz lévé-o-ka, des enfants voisinage s'invitant dans les cases tantantes, mabos, das, cousines, pas cousines, familles, pas familles ; île offrande de mangos, poyos, bananes jaunes, pommes malaca, fleurs si épaisses que grasses, si légères que dentelles, ti-punchs, sorbets-coco, shrubbs ; île simplicité, modestie, je confère prodigalité et partage.

...Moi, île bonté, île têtue, île refuge ; moi île alcool, île poussière, île boucan, île vomissure, île aux abois ; île lassitude, île solitude, c'est moi que l'on prend, que l'on pille, que l'on souille, que l'on fait sienne, puis qu'on roule dans la boue. Et mes ailes supportent le saccage, l'entassement, la frénésie terrifiante.

On dit que mon temps est lourd, immuable, que mes heures sont plus longues que les dernières minutes d'un condamné, que mes années sont des éternités et qu'il n'y a rien à espérer de moi, paradis et enfer.
Pourtant, autrefois, moi, la peuplée, dépeuplée, repeuplée, l'éventrée, la pillée, vivant de monstruosités, d'images à Crusoé, on a voulu me dominer,

on m'a exigé nouvelles plantations, nouveau monde
on m'a ordonné richesses et ravages, mensonges et
calamités
on m'a imposé souffrances, turpitudes, larmes de sang
et d'eau
on m'a régentée comme l'on fait des femmes
on m'a sommé de renaître et grandir dans la violence
d'une langue bâtarde et brave
on a trafiqué, on trafique encore, ma mémoire,
on combine dans mon dos, on s'arrange avec mon
histoire,
on manigance inlassablement,
on spécule faussement, naïvement, sur mon devenir,
on ourdit complots, on souffle sur mes braises,
on trame archives, journal officiel, lignage de mes
assujettis.

Me voici donc avec mes siècles d'incertitude, de ratage, de ravage, mais aussi de profusion, de rêves, d'illusion. Comme dit le poète de mon îlet Marie-Galante plat et large comme une main, mes laissés-pour-compte et moi avons fait *zèb-gras woulé boul an bouch*, tant et tant mastiqué mâchouillé toutes sortes d'herbages pour *baré byò*, bâillonner nos ventres, avons joué à cache-cache avec les tortues *mòlòkòy*, avons gauchement *san sonjé sèl* appâté les sangsues, rusé tel David contre Goliath *kon pitit ka bat gran,* cessé de tendre nos mains de baladins *men lonji*, longuement patienté *kwazé bwa si jounou atann dèmen sa myé* dans l'espoir des jours meilleurs, crié naufrage amarre rompue *kaflòt é piyaj* et imploré la vie *hélé* la vie, la vie ! Que le flot de la misère ne nous emporte plus tels des cocos secs, dérisoires et *flo* sur la mer *kwazé* démontée.

Assez ! Ooooooooh assez ! Moi, île douce aux belles eaux, frustrée d'amour, je tiens registre des trahisons, des injustices ; année après année, j'invoque le décharpilleur alizéen, Hurricane. Je demanderai compte aux maniganceurs, manipulateurs, menteurs, à ces majors du quotidien, ces tricheurs de mots, voleurs de cœurs, ces absents, ces fuyards sans marronnage, ces zombificateurs profanes, cougnateurs des mamans, isalopeurs papas grands-mamans. Je suis souveraine pour dire qui m'a frappée, qui m'a bousculée, qui m'a insultée, m'a estropiée, violentée.

Ça grince, ça grince dans l'air, ça grince dans ma tête.
Ça grince, ça grince dans ma tête...!

Je me débats, j'exhale la vigueur de ceux qui ont survécu à l'indigne ; j'endure les grenouillages, les mauvais procès, les exaltations inconsidérées ; je m'endors en coassement et ma nuit n'est pas peuplée de dorlis, de soucougnans, de volants, comme on veut bien le faire croire pour mieux la zombifier. Mais parfois, trop prudente, trop lâche, je ressemble à mes premiers défricheurs peureux et téméraires à l'allure de c'est-ma-faute, j'ignore les geignements, les murmures au-secours-je-n'ai-plus-la-force, les anmwé géminés, les requêtes, récriminations et blâmes de mes matadors assujetties, j'entérine des bourbiers séculaires au flanc des mornes, au creux des cannaies, dans les viscères des villes, à la lisière du littoral, je ratifie les bornages centenaires des commandeurs jugulant toute sédition, niant toute indignation, et je laisse cette mascarade immonde des voraces se répandre avec l'étrange torpeur des alizés plus tenaces que chiendent.

Pourtant, premier coup, j'ai accusé ; deuxième coup, j'ai répondu ; troisième coup, je n'ai pas asséné défaite aux outrageurs, pas châtié les persifleurs qui m'ont investie de désolation. J'atteste des lamentations, des manques, des refus, des duperies à la manière du mancenillier. Trop souvent, je me dérobe aux stupeurs hélant justice, égalité, sororité. J'ai humé l'air vivifiant des années de vagabondageries, profité du vent nord-est ; j'ai fait l'expérience du gouffre, enchaînée dans mes ressassements… et j'ai laissé la violence devenir souveraine… et j'ai trahi les plus faibles.

Je retrouve des femmes d'ici dans le portrait de femmes d'ailleurs, certaines manières avec les enfants, avec les hommes, avec les attaques de la vie ; je retrouve cette manière d'être insensible aux turpitudes, de le faire croire, d'y croire. Ce désir prométhéen par-dessus tout ou ce désir d'être des Titans. Mes hommes me fatiguent aussi avec leur leitmotiv "je ne vois vraiment pas le rapport", avec leur fausse simplicité qui n'est que mauvaise foi. Je frémis, je tremble sous leurs coups. Leur martèlement m'est odieux. Mais ce ne serait rien si ce n'était le sentiment de finitude. Et pourtant, je vois aussi le désir, je sens l'air se raréfier, la bouffée qui monte subitement, la chaleur aux joues, aux lèvres, je vois les narines palpitantes, les jambes qui peinent à porter et j'entends le cœur qui martèle résolument battements en saccades.

Que font-ils, mes enfants ? Trop souvent, je me heurte à leur concupiscence, à leur avarice, leur rapacité, leur avidité ; c'est tonnerre sur tonnerre, injures sur injures, eustaches aussi vifs que l'éclair. Partout-partout, c'est ignorance, infection, maelström désespérant sous couvert de sagesse populaire.

Je poursuivrai les Fillettes-Lalo, Grande-Brigitte, Guiablesses, bêtes-longues ou poissons-pierres, dérives de rancœur et de solitude, mais je serai toujours où se trouve la femme roulée dans le dalo, cette sirène bâtée, cette *bête à subir*, cette tenace hors pair, cette fustigeuse de vie, ma semblable, mon double, ma souffrance, cette femme-jument naseaux tant dilatés qu'on ne sait si c'est de douleur, de souffrance ou de rage. Je sens son souffle de bête humiliée exhalant des outrages millénaires, j'entends son vrombissement en perte d'haleine et je comprends qu'elle enrage tant que par moment tout est ennemi ; mais étrangement, dans ces moments de haine, elle brasille d'une indéfinissable sensualité. Je la louerai toujours cette femme-révolte tout comme je chanterai sans fin la femme-jardin, femme-joie, femme-humour, femme-souche, femme-tige, femme-sève, femme-sérum. On la croit faible, malléable, comme on croyait à l'inculture des Nègres-macaques, ces biens meubles à exploiter à satiété, comme on souriait complaisamment de leur accent, comme on se moquait de leur langage, comme il en est encore pour prétendre que l'homme donne un *petit châtiment à l'engeance féminine* qui croit à l'égalité, à la fin de toute domination, de tout colonialisme. Comme d'autres plaisantaient des dents si blanches que terribles, sous l'emprise de rires *Kiakiakia*, il en est un qui ose dire, dans l'espoir de me réduire à un pays de domination, qu'*entre deux cris contre le colonialisme, un immense militant passe les femmes dans l'insatiable mécanique de son corps,* faisant d'elles des *cobayes de cette science lubrique qui l'emplissait de frénésie. Elles sortaient chiffonnées à l'extrême, et se remettaient à vivre sans trop savoir si elles avaient été aimées ou châtiées de manière insolite.* Tel que je le dis, il est encore des dominateurs à demitravestis qui osent affirmer que des femmes peuvent être charroyées dans une case, comme on charroie de la canne ou du bois d'ébène. Les années passent, le savoir s'étend et les hommes changent, dit-on. Parfois, cependant, j'ai peine à le croire en retrouvant sous le masque de libertaires des Messieurs de la Traite qui ne dit pas son nom.

Je sais sur qui pleurer ! Oui, je sais sur qui !

JE CONNAIS mes habitants, hommes et femmes, je n'ignore pas leurs haines, leurs aversions, leurs préjugés, leurs peurs, leurs caprices, leurs rêves ainsi que leurs invitations prétexte à trouver de nouvelles forces pour médire ou faire l'inventaire de la bêtise des autres, leurs cavalcades, leurs chasses dès l'adolescence. Leurs histoires de chaleur sans lendemain sont ennuyantes. JE CONNAIS les hommes et les femmes de ma terre comme JE CONNAIS mes rivières et leurs méandres, leurs roches refuges écrevisses, leurs sauts et bassins. JE SAIS aussi qu'autrefois tumultueuse, elles sont aujourd'hui souvent ravines qui ne ravinent plus, eaux si lambinantes et silencieuses qu'on doute de leur existence. Je les connais comme JE CONNAIS mes arbres, les généreux, les dangereux, les vigoureux, les souffreteux, les beaux, pas beaux ; je les connais comme JE SAIS l'exubérance du flamboyant et la majesté du sablier, la gourmandise du sucrier et du merle, la patience du mabouya et du lézard, la résistance du bœuf et du cabri ; JE SAIS la faim de la mangouste et celle du congre, la violence de la murène et du barracuda, la ruse du poisson ballon et du poisson volant, la crainte de la demoiselle bleue et de la noire, la laideur de la blennie et du poisson lézard. JE CONNAIS toute chose de ma terre, de mes airs et de mes eaux.

… Je les connais aussi ces villes poussées comme dachine en hivernage, étalées comme mauvaise herbe ; villes sinistres, dévorantes, boursouflées d'habitations cachectiques ou plantureuses.

… Me voici Place de la Victoire, lieu des promenades tournicotantes, des rendez-vous à la fraîche, des dégustations sorbets, pistaches, sinobols, sucs-à-coco et autres douceurs ; lieu des fins de journées, aubaine pour ressouder les amours ou plus couramment certifier qui est l'Officielle et qui est la Femme-dehors, lieu idéal pour les secrets, blablas, boniments, mensonges, mais aussi amourettes. C'est l'espace public de prédilection pour la nonchalance face au remue-ménage de la Darse où se vendent poissons, légumes, fruits et pacotilles, où dès le petit matin tout est agitation, cris, interpellations hypocoristiques invitant les badauds à se précipiter pour acheter le poisson le plus frais, les légumes les mieux venus, les fruits les plus succulents et tout ce qu'on ne peut pas dire à haute voix.

… Et me voici au Carénage comme à Port-au-Prince ; eau, avalasse, déchets. Triste bonheur que de mettre un pas devant l'autre dans ce quartier abandonné, survolté, maudit, aux ruelles si étroites qu'une enjambée suffit à passer chez le voisin. Rue Dubouchage, me voici comme à La Dominique à moitié résignée, à moitié sacrifiée, mais survivante et calculatrice. Je prends la rue Denfert, remonte la rue Dugommier, tourne à la rue Isaac, traverse la rue Condé, la rue du Commandant Mortenol, quelques-unes encore, et me voici Place Gourbeyre devant la Basilique Saint-Pierre et Saint-Paul, havre de calme et sérénité consacré par la bonté magnanimement prodiguée des marchandes de fleurs. Je longe le Palais de Justice, m'engage rue Barbès jusqu'au lycée Carnot. J'hésite, je sursaute : caquètements de poules, cocoricos de coqs. Je descends finalement vers la gare maritime par la rue Henri IV, bifurque brusquement rue Peynier vers le marché Saint-Antoine. Là encore, marchandes tantantes, revendeuses mabos, débiteuses sans âge et sans cupidité se mêlant aux trafiquantes expertes en fioles quimbois, probablement mercantis à cause d'une tralée d'enfants à nourrir. C'est un répit, une respiration, un sourire complice après les esquives, les sursauts accumulés dans le quartier enflammé qui se moque des étudiants qui le traversent en prenant la tangente.

... Et me voici Place du Champ d'Arbaud, le jardin Pichon donnant sur la rue du Gouverneur Général Félix Éboué ; plus bas, la rue Maurice Martin, plus loin la Rivière-aux-herbes, la place de la Cathédrale ouvrant sur la rue du Docteur Cabre et le cours Nolivos, plus loin encore en descendant vers la mer le boulevard du Général de Gaulle et la Capitainerie dépérissante, supplantée par sa sœur de Pointe-à-Pitre.

... Et me voici à Morne-à-l'eau, petite ville surplombée par son morne-cimetière avec ses demeures éternelles à l'image de celles des vivants, sépultures-cases aussi belles que cases-habitations avec leurs crotons vivaces, leurs balustrades fer forgé et leurs claustras soleils ou coquillages mêlant des couleurs arc-en-ciel au noir et blanc des carreaux qui ne font que répéter que le silence du soleil de midi n'est pas plus pesant et la nuit moins bruyante ici qu'ailleurs. À vrai dire, on serait tenté de penser que c'en est trop, que l'on n'ignore pas la mort aux aguets, alors pourquoi tant d'étalage, tant d'exubérance ? Là, dans cette ville inerte qui fait violence aux vivants, tétanise les plus jeunes, calme l'effroi des vieillards, accueille les regrets et les remords, la nuit est-elle vraiment aussi assourdissante et le soleil aussi ardent ? Cimetière aimable, apaisant, cicatrisant, mais cimetière, et si Toussaint l'illumine plus majestueusement que Noël ne parvient à le faire des villes, il n'en reste pas moins lieu de sommeil sans réveil, entassement de corps pudiquement offerts à la vermine dans l'obscurité d'alcôves insolites, étalement de morts que l'on visite avec crainte ou sans peur. Je me promène dans ses ruelles, me protège de la pluie sous les avancées des galeries aménagées et me repose parfois sur les petits bancs établis pour les longues prières.

… Me voici donc. Je connais toute chose de chez moi, je connais les noms des rues, ruelles, places, tous les noms qu'on a donnés à mes tours et détours soi-disant pour ne pas se perdre.

Certains jours, toute ville est blafarde, plus silencieuse qu'un homme à qui l'on demande compte, dans un sursaut d'espérance, des mensonges accumulés. Elle ne dit rien, n'imagine aucun excusez-moi-pardon pour les violences, les vilenies, les coups bas, et se terre dans son mutisme de peur de révéler qu'elle participe au grand massacre des espoirs, qu'elle tue aussi insidieusement qu'une graine pois-savon. Elle ne sait plus qui est qui, ignore les coumbites, les voisins impotents, malades ou dans la nécessité ; elle est sourde aux détresses et solitudes, probablement à trop les voir tous les matins devant sa porte. Ville aveugle, ville scélérate. Élucidations, bas-les-masques, ne viennent jamais et tout sommeille, tailladant folles espérances, incisant vieilles cicatrices, attisant anciennes rancœurs, laminant affections ou ruinant définitivement passion de jeunesse. Les yeux de mes femmes le disent plus certainement qu'éructations et gesticulations de mes hommes ; ils disent en murmure… nous n'avons nulle part où vivre, partager ; nulle part nous ne croisons repos et respect avant d'aborder le territoire crépusculaire des Mans inféconds.

Faim de passions, fin des chimères,
fatras de parodies amoureuses.

La ville pue, la ville cocote, la ville débonde de violence et de feintise ; chichi, simagrée, ouélélé, elle ne sait faire que singeries de peur de se vivre, de peur de se dire, de peur d'elle-même. Dégoulinante d'imposture de quatre sous, elle se donne en spectacle, incapable de rallier les coulisses, d'ôter les fards. Elle ne connaît pas le repos, elle ignore la paix. Elle est ainsi, la ville, vergogne abjecte, calamité des traficotages indécents, flétrissure méprisable et fétide, s'obstinant dans l'infâme défilé d'hommes maigres comme fil de fer ou panses dilatées comme pélicans en fin de journée, de femmes, âmes potencées, clouées au pilori des princes de l'île ou roulant des fesses comme chant de cygne dans le désir d'ignorer le cachot qu'on a bâti pour elles puisqu'elles ne sont que bêtise, sottise et qu'elles prennent leurs caprices pour des envies. Immature, illogique, il faut l'éduquer, la femme, la former ; il faut éradiquer ses désirs et ignorer ses bouderies, car une femme, ça boude, ça ne comprend rien. Tant bien que mal, elle se défend, résiste en silence, en cris, comme esclave de l'ancien et du nouveau temps des colonies nationales ou tribales,

… et n'en pense pas moins.

Quelques rares rêveurs et naïfs, surnageant dans cet incroyable maelström de fatuité, fourberie et malignité, façonnent des sourires d'un simple bonjour, bâtissent des demains sans souci, déambulent tels lune pleine, ignorent les rires tristes et les joies absurdes, les simulacres de soumission et les refus cachant envie de concorde ; ils louvoient dans cette masse esbroufe pinochant son spleen dans le chaudron urbain, remuent terre et ciel à la recherche de rues désertées par les marionnettes filoutes ou gobe-mouches. Mais fuir le cauchemar, la désillusion, la peine et les reproches, est-ce possible ? Ils s'adressent sans reproches aux semeurs de malédiction qui les méprisent, les traitent de fous ou les ignorent pour mieux les museler. Théâtre infernal des jours sans espérance longs et pesants comme nuit sans sommeil ; théâtre sauvage et vertigineux. Où se cache cette porte dérobée, échappatoire aux mascarades fiévreuses qui brûlent l'œil, incendient le corps et fouillent le cœur ? L'envie de rompre amarres, plus forte que soif de désert, submerge parfois les rêveurs griffés de honte, tailladés de solitude, ravinés de désespoir. Ils opèrent une pause hors de ce théâtre d'inanité, de délabrement, de perdition ; plantent des rêves étourdissants dans un mugissement de colère, d'ivresse, et extirpent les cauchemars plus tenaces que margouillats nocturnes en saison de pluie.

… Et parfois la ville est espérance.
Tandis que l'invisible et le visible s'entremêlent, s'échangent des couleurs, des sons, des mots de passe à l'heure où les ombres ne font pas encore formes, mes habitants croient de nouveau à tous les possibles ; ils se disent qu'hier est dépassé, que la splendeur est à venir, qu'elle est à portée de main… il suffit de… Ils espèrent des journées plus heureuses que jamais, s'apprêtent pour les accueillir et tout hasard est signe : la tartine qui ne tombe pas ce matin-là, le café qui n'a pas débordé, le sucrier qui vient picorer les miettes de pain, le rayon de soleil qui pointe sur le galet ramené d'une escapade en rivière, la radio qui diffuse un calypso, les clefs qu'ils trouvent sans chercher. Un simple souffle parfumé les porte à croire qu'ils ont raison d'espérer. N'entrevoyant que baume, ne savent plus bien ce qu'est tourment, supplice, géhenne, se demandent s'ils les ont vécus, car tout est si bon certains matins, si délicieusement calme, somptueux, voluptueux. Ils irradient de bonté jusqu'à l'heure où ils se posent, une fois encore, en donneurs de leçon, où ils retrouvent leurs voix criardes, abandonnent leur démarche pesante, nonchalante, pour celle des majors sans regrets ni remords avec leurs airs de je-sais-tout. Et c'est la fin des espérances, le bégaiement des heures, le radotage des divagations.

Voilà comment je parcours mes lieux
mes places,
mes rues,
mes campagnes aussi
aux parfums de fleurs de manguiers, de mandariniers mêlés aux senteurs entêtantes de citronnelle. Je me

laisse séduire par ces langoureuses irradiées de sentiers à l'assaut des mornes, par les longues routes bordées de palmiers et par la fraicheur des ramures de poiriers. Je suis la terre amendée, je marche, je cours, j'inhale des fragrances, je jouis du petit jour, et les nuits qu'elles soient enténébrées ou lumineuses me rassasient.

Je vis de vadrouilles et de songes et voilà pourquoi je résiste, me débats, même si parfois, à tort, je fléchis, m'abandonne, succombe et laisse la nuit tomber sur moi comme sur la ville.

Ô, oui ! La nuit m'envahit d'incertitudes et me ramène à mes hommes, cœur plus sec que Rivière-aux-herbes en temps d'irrigation ; je sais leur irrévérence, leur domination-tremblade, leurs mots-prétextes, leurs airs chiens-battus et leurs crocs molosse-Cuba. Je ne vois aucun baume dans leurs offrandes aux femmes, rien si ce n'est bracelet-forçat, collier-choux, fanfreluche éphémère, entrave parodiant affranchissement. Qui coupeur de canne, qui médecin, qui veilleur de nuit, qui mécanicien, tous jettent leur dévolu sur les femmes, qui médecin, qui avocate, qui enseignante, qui marchande, qui fessue, qui maigre, qui grande, qui rachitique, car simples capricieuses à prendre, éduquer, dominer. Mais, j'imagine les masques tombés, les plaies visibles, lorsque la nuit meurt lentement dans la couleur du jour.

On dit
que tout quidam mâle ou femelle attend la chute de son voisin, qu'il guette, scrute, croit deviner le début du commencement de la dégringolade et répète déjà les mots de son verdict. Procureur, juge, il évalue

les forces, jauge les parties, estime les alliances, les clans, rêve de victoire sans révocation. Parfois, pour m'amuser, je tremble, j'éructe mon fiel, et les quidam-mâles prennent peur. Je tremble pour que leur crainte devienne réelle, je crache mon venin pour qu'ils cessent de gesticuler comme des marionnettes et se mettent à vivre, vraiment, les uns soudés aux autres. Dans un éclat de rire, je les stupéfie et je perçois enfin leurs pleurs de bébé et de vieillard, leurs pauvres regrets, leurs tristes confessions, leurs vagues promesses. Pétrifiés, sous les tables, derrière les fenêtres ou au milieu d'un fatras rassemblé en tout hâte, bouches bées, soupesant les pour et les contre, envisageant le pire, certains restent muets, mais je les entends ; j'entends le grincement de leurs dents, l'ahurissement de leur souffle, la dérobade de leurs pas, j'entends jusqu'au fléchissement de leur puissance. Je ris. Ô, oui, je ris de les voir si craintifs, si peureux, si capons ! Eux, habituellement si présomptueux, rampent, prient JésusMarieJoseph, JesusChristi, avalent leurs m'as-tu-vu et, quelle misère, souillent leurs habits de parade. Je leur apprends la réalité de leur vie et je sais que j'aurai raison d'eux pour quelques temps. Déjà, ce ne sont plus des péroreurs, des prétendus doctes, des pontifes des jours ordinaires. Mon tremblement et mes crachats soufrés attestent leur sotte et illusoire vanité.

Mais…
j'en connais aussi plus doux que pluie-fifine ou qu'hivernage, plus précieux que l'évidence du bonheur, mais plus rares que paix sur terre. Calmes comme la mer de juin, aimables comme les galets de ma Basse-Terre et exigeants comme une mer croisée, ils sont mes compagnons de voyage, ma rassurance et mon

inimaginable. Amoureux des rencontres qui les font grandir, raffermissent leurs attaches et leur donnent tantôt le sentiment que je peux changer, tantôt la certitude que je suis maudite, enfermée dans mes zouks love, mes matinées de flemmardise, mes cinémas débilitants, mon manque d'appétence, dominée par ma concupiscence, ils subissent mes trop nombreux temps d'inactivité, de répétitions absurdes, d'inepties, appellent, dans une fêlure de voix, la sève qui fait défaut à la grandeur de mon âme, ici, chez moi, île qui ne sait pas réveiller ses habitants paresseux. Mais, comme ils ne peuvent pas vivre loin de moi, de ma beauté, de mon odeur, me réclament quand ils partent des mois durant, s'excusent de leur absence qui les habite comme une perfide lâcheté, ils aimeraient que je gomme mes carences, que je renonce à mes grivoiseries et que je m'installe dans le désir nouveau d'un monde incréé. Je dois l'avouer, ils me rappellent à mon devoir de dignité, moi qui m'oublie souvent dans l'absurde légèreté, l'insignifiante domination des hommes et la stupide soumission des femmes. De colère ou de dépit, prenant parfois ombrage de moi comme s'il n'y avait plus que trahison entre nous, comme si je répugnais à les reconnaître et à les accueillir dans leur fragilité de rêveurs, je les entends m'invectiver, lèvres frémissantes, poings serrés, regards flèches de feu et faces ravinées de rancœur ; je les entends m'exiger la pudeur, la morale, l'éthique ; je les entends rugir telles vagues Pointe des Châteaux ; je perçois leurs pleurs étouffés le soir quand la pluie fine devient avalasse ; je devine leur cœur en déveine et leur corps laminé par tant de gabegie.

Pourtant, je recueille leurs larmes,
je tiens compte de leur vulnérabilité,
de leur âme sombre et sensible comme
le sable sous les pieds.
Je ne les oublie pas,
mes braises,
mes dictames.

Et puis, je sens en eux une fatigue incommensurable qui leur courbe le dos à partir des omoplates, et pourtant droit des reins jusque-là ; cette courbure révèle leur partage, leur vouloir et leur soumission. Ils arrondissent leur allure, ne bombent plus le torse comme dans un désir de dire : “je ne suis pas de ceux-là, je ne suis pas l’homme à la vie prédestinée, je suis comme la vague inattendue, je suis le volcan qui fait mine de sommeiller mais qui enrage sous la croûte que l’on m’a imposée, et si je donne l’impression d’être un généreux, je suis en réalité de ceux qui attendent leur heure et espèrent un autre monde.” Ils sont épuisés, abattus, accablés, harassés et excédés en même temps. Ils ne dorment plus depuis que la certitude du désir de vivre dans un accord mineur résonnant d’inquiétude les a envahis. Ils sont bien de chez moi, ils m’aiment et m’en veulent. Leur démarche qui se veut rassurante de face, n’est que lassitude vue de dos. Je prie pour eux, j’ai peur pour eux, je souffre pour eux, je n’espère qu’un autre souffle pour eux. Je le dis bien, ils sont de mes tendres, de mes dictames, tant leur sourire évoque la passion bridée, l’épuisement abyssal et le désir d’exaltation.

“Comment faire pour vivre en bonne entente avec
moi-même et dire enfin qui je suis ?”
C’est assurément la question qui les taraude depuis
des années.

On peut me trouver ordurière avec mes chansons sans équivoque, crûment déversées par les radios. Les radios ! Parlons-en ! Bavardages infâmes, gloses odieuses, justifications parce que, abjectes objections des jacasseurs arguant du bon sens et débitant, dans un vocabulaire si pauvre que c'est pitié, des inepties comme ramassis entassés sans honte derrière les cases. Misérables animateurs improvisateurs de remplissage. Le bruit ! Parlons-en ! Radios tonitruantes des automobiles en marche, à l'arrêt, forçant à la conversation en éructations, en faux scandales. Dans les maisons, c'est la même cacophonie, télévision et radio s'entremêlent aux causeries, conciliabules, tête-à-tête, recouvrent soupirs et ronflements des siestes. L'étranger n'entend rien, ne saisit rien, dans ce tohu-bohu ordinaire ; on le reconnaît, il tend l'oreille. Terrible gymnastique qui le singularise, le nomme compendieusement. On pourrait croire que je ne vis qu'au mitan d'empoignades, de chambardements, mais ce n'est que bruit sans fureur.

Je ne veux plus entendre ces insanités tout comme je ne veux plus de visions sidérantes, d'hommes nettoyant la plage, râteau à la main, tandis que d'autres, venus pour quelques jours, se prélassent sur des chaises longues-longues. Irradiation du soleil et maillot de corps d'un côté, bain de soleil et maillot presque inexistant d'un autre, me donnent le tournis, me font douter de moi-même, île drolatique, chimérique, romanesque et vagabonde. Pleurer ? Vomir ? Éructer ?

… J'aimerais simplement parler de moi avec tendresse, louer mon courage, vanter ma résistance, exalter ma beauté, voiler mes craintes enténébrées, mes blessures trop vivaces et mes horreurs plus têtues que bourriquet, mais ma douleur ressemble sacrément aux combattants des pitts enragés par les cris, la fougue et la furie d'alentour ; têtes hirsutes, yeux hagards, corps en transe, comme moi, ne savent plus où, comment et quand donner du bec.

Des médisants…

… ont le sentiment que je ne suis rien. Mais j'ai écrit *Cœurs créoles, Balles d'or, Cette igname brisée qu'est ma terre natale, La Mulâtresse Solitude, Pluie et vent sur Télumée Miracle !* J'ai écrit *Pawòl en bouch, Débris de silences, Traversée de la mangrove, Soufrières !* J'ai même écrit *Les Grenouilles du mont Kimbo* et peut-être aussi *Éloges* ou *Anabase.* J'ai écrit ! J'ai peint ! *Compagnons du soleil, Déstructuration 1, Pleurs silencieux.* J'ai produit des imaginaires et des rêves. J'ai érigé des statues mémorielles, Solitude, Éboué, Bissette, Schœlcher, Carnot, Delgrès, et même Saint-John Perse. Je danse gwoka, biguine, calypso, méringué, zouk. Je mange viande cochon et bananes vertes, colombo, accras, matété, langoustes, ciriques, vivaneau, grand-gueule, thazard, morue en chiquetaille et zavocat, fruit à pain, igname, madère, riz, pois d'angole, mangues, quénettes ; je bois jus, eau de coco, alcool de canne et alcool de territoires lointains. … Et je suis encore tant de choses que des siècles ne suffiraient pas à les évoquer…

De beaux parleurs…

… toujours disposés au combat, ne produisant rien si ce n'est la suffisance de leur souteneur outre-atlantique et la fascination de tout un monde pour les nouveaux proxénètes de l'exotisme, disent que je suis vendue, que je ne suis qu'une femme entretenue. Comment faire avec ceux qui idolâtrent mon burlesque et le cocasse que je partage avec mes sœurs archipel ? Pourquoi nous traînent-ils dans les dalos que nous voudrions tant oublier et rayer de nos cartes ? Pourquoi magnifient-ils nos inconcevables graveleux, nos manies abominables, nos habitudes assassines ? On les fait rire, c'est vrai ; on les amuse, c'est encore vrai. Ils divertissent le monde avec une moralité douteuse et ne voient pas qu'ils érigent de risibles statues en notre honneur. Ils font notre éloge, c'est ce qu'ils disent, mais en réalité ils creusent nos tombes, nous musèlent avec leurs mots crus sans cesse inventés dans une hilarité aveugle. Se proclamant ostensiblement de la nouveauté, ils ne restituent que clichés, poncifs, que nous avions cru avoir définitivement enterrés de retour au pays natal après des voyages sans nom. Qui sont-ils pour s'octroyer ce divertissement qu'ils nomment sincérité, fidélité, objectivité, historicité, authenticité, véracité, iconicité, et qui ne fait que justifier cette piètre rengaine *cé konsa nou yé, cé konsa nou vlé rété* ? Qui sommes-nous pour qu'ils s'autorisent cette pitoyable mise à mort sous couvert de ravissement, de hosanna nous voilà ? Maquereaux littérateurs, marqueurs de prosopopées insanes, marabouteurs d'analphabètes, ensorceleurs d'ignorants, Judas excellant en parjure, ils se veulent écorces de noix de bancoul sur les plaies vives, mais final de compte revivifient les sortilèges d'antan, agitent des fétiches pernicieux et rêvent de soumettre mes pacificateurs indociles. Petits futés ingénieux, roublards habiles à charmer, ces fils mariolles que je ne soupçonnais pas de trahison, tantôt me roulent dans les dalos comme un rat immonde, tantôt me maintiennent la tête sous l'eau comme un jeune chat dont on ne veut pas, tantôt me rompent de coups comme un chatrou trop vieux. Qui sont-ils donc ces fils que j'ai portés, nourris, protégés, ces fils dont j'ai assuré les pas et fortifié les attaches ?

Des généreux…

… rêvent de ce que je ne suis pas encore. J'apprends d'eux la patience, l'espoir, les murmures enfantant accords harmonieux et le rugissement du désir. J'apprends le goût du partage, l'odeur de l'amour, le toucher des émotions, la vision des secrets, la perception des ténèbres et, grâce à cette leçon de choses, je caillasse les certitudes, j'écrabouille l'effronterie, j'égruge l'insolence, je pile l'impudence, je fais cassave amylacées des tautologies pour m'immerger dans la fièvre du futur, les caresses des tumultes. Dans ma folie débordante, dans mon ardeur désenclavée, je pave ma peau d'infinis azurés, j'invente des rêves méphistophéliques et séraphiques, je forge des mots sororaux, des arcs-en-ciel mirifiques, des couleurs outre-mer sous un ciel moutonné de cumulus, je rêve d'extase, j'esquisse un autre monde en me berçant de mes propres songes, en accueillant mes agonies et en ignorant les rosseries qui sourdent de mes entrailles.

Voici mes premiers mots entremêlés, résister-kenbé-rèd-esperar-hope, tels doucine du matin, dodine du soir ; mots ignés semblables aux papillons moirés, aux lucioles coruscantes, trahissant des envies cryptiques. On dirait des mots venus de continents irréels, d'océans si calmes qu'on a du mal à le croire, de vents si légers qu'ils ne sont que caresses ; on dirait la tendresse du bruissement d'un jeune arbre et le rayonnement d'un soleil aussi doux que les matins amoureux. Quelquefois, il me semble qu'ils envahissent l'air comme le rose de l'aurore ou le bleu de la nuit, qu'ils bâtissent une voûte apaisante au-dessus des rancœurs, jalousies, combats, maux sans fond, ou qu'ils font naître un berceau lénitif d'une plaine herbeuse.

Je contemple mes sabliers majestueux, mes cocotiers filiformes, mes flamboyants éclatants, mes filaos grêles, mes mornes chevelus ou pelés, mes falaises hautaines, mes rivages affables ou austères, mon océan tourmenté, ma mer paisible, tout ce qui fait accourir la planète entière, et je me dis que ce n'est rien, que mon paysage est plus riche qu'il n'en a l'air. Tous ceux qui se précipitent vers moi en attente de je ne sais quoi n'ont encore rien vu. Je m'attarde souvent à la Pointe de La Vigie où, par beau temps, j'aperçois Antigua, telle un vaisseau démarré, plate, étalée, attirante et majestueuse comme toute île vue de loin. Je fais des pauses à Trois-Rivières pour admirer Les Saintes, îlets des maîtres-pêcheurs que les habitants de mon continent disent stupides à transborder, de Basse-Terre à Terre-de-Haut ou de-Bas, des frozens-glaces-à-l'eau dans leurs poches, mais qu'ils visitent pourtant les fins de semaine et tous les ans en avril, car elles aimantent leurs désirs, embrasent leur convoitise, attisent leur appétit de croisières fugaces sans danger. Je fais un arrêt à Saint-Anne où j'aperçois Marie-Galante-Aïchi, Marie-Galante-La-Gracieuse, îlet pas plus large qu'une main, îlet des poètes, des révoltés, des kabwétyés, des filles engrossées à quatorze ans et délaissées à mesure que le ventre s'arrondit ; l'amour n'était qu'un éclair mensonger dans l'eau noire d'une mare aux relents putrides qu'elles avaient pris pour de l'eau-de-vie. Ce charlatan qui s'invite à tous les bals leur a donné un regard enténébré plus trouble que le vesou dont on dit pourtant que la simple odeur enivre. Allamandas, roses de porcelaine, balisiers, ont déserté leurs cases ; et leurs voix, jadis cristallines, ont pris la couleur des jours de malheur. Je connais tous les paliers de la perfide marelle de cet imposteur :

mystification
humiliation dévastation
prédation
glorification adulation
idéalisation
exaltation
délectation

Et puis, mes minuscules, solitaires, inhabités, Petite-Terre et Grande-Terre que je contemple depuis Saint-François ne sont pas si inhospitalières qu'on le dit, simplement un peu farouches ; ce sont mes tendres misanthropes qui ignorent ce qu'est le profit. Pour les accoster, il ne faut pas venir en conquérant ; là, assurément, assujettir n'est pas de mise.

Sur les hauteurs de Deshaies, dans la fine brume, je devine ma sœur Montserrat avec sa foudroyante Soufrière que je nomme Exaspération, Déraison et Inimitié. Là, j'ai vu de monstrueuses cendres choir telles éboulis étonnamment légers, aplatissant relief, farcissant creux et cavités. J'ai vu ma sœur transfigurer, sans pitié aucune, son doux paysage en une inconcevable faillite ; je l'ai vu lapider son passé, détruire son présent, radier son avenir, sans vergogne, dans une folle et honteuse surenchère. Si tout cela n'était qu'éphémère, je lui pardonnerais, mais son haleine embrasée a répandu un hiver incongru sous nos latitudes.

> Une île qui vieillit est une île à venir,
> une île en colère est une île sans lendemain,
> sans onguent
> ni béquille.

Je ne veux pas lui ressembler, je ne veux pas tourner ma colère contre mes habitants qui, pourtant, font la rumeur des villes, le tapage des campagnes et recouvrent le chahut des mers. La rage, l'exaspération, je les connais aussi, je rugis quand l'aube se lève grise et triste, j'éructe quand le crépuscule tarde à venir, mais j'imagine aussitôt les cannaies telles nouvelles aménités délivrées des amarres du temps des fouets, puisqu'elles font sereinement bruire le vent, donnent chevelure à mes terres fertiles, parole aux revenants et sourire aux vivants, tant il est vrai qu'elles courent admirablement sur mes mornes et mes plaines.

C'est folie de croire que tout est semblable sous les latitudes où je suis née, où je vivote et prospère à la fois. J'évalue mes voisines pour qui les mots chantent différemment, pour qui hombre ne veut pas dire ombre, pour qui hope n'est pas interjection. Elles me ressemblent sans être semblables, m'aiment, me soutiennent, m'envient et me détestent aussi parfois. Il y en a de petites et de géantes, de touchantes et de redoutables, de florissantes et de décadentes ; il y en a qui veulent faire amie-amie et d'autres perfides prêtes à me planter une jambette dans le dos.

Ainsi,
je grandis, je patiente et vieillis. Ma parole du matin et celle du soir me consolent tout en m'affolant, me montrent quelque chose qui n'existe pas encore, mais pointe seulement par vagues fiévreuses. Je rêve, espère des lunes et des soleils jeunes, des nuages si denses qu'ils pourraient présager d'avenir glorieux et mystique où l'on verrait des crabes-toutoulous marcher droit, des crabes-ciriques rejoindre la mer, des crabes-zagaya remonter en rivière, des éperviers manger dans la main des enfants, des frégates rester à terre, des racoons fouiner dans les villes et des perroquets s'établir à nouveau dans mes arbres ; où l'on verrait des prédateurs exécrer la chair fraîche, des charognards se nourrir de fruits verts, des plantes carnivores se fermer sur des gouttes de pluie ; où l'on croiserait des hommes à allure de femmes, des vieillards aux yeux d'ange, des enfants aux mensonges lumineux et où l'on entendrait des invectives semblables à des doucines, des cancans d'amour en guise d'éclats de commérage.

Voilà des rêves possibles…

… et voici d'autres espoirs en lumière de fin d'avril, en trombe de juillet et en douceur de décembre : sur toute chose se poserait un voile de douceur, la mer elle-même ne saurait plus ce qu'est transbordage et naufrage, le volcan ce qu'est désastre, et le vent ne susurrerait plus que le mot alizé ; les hommes feraient simplement provision d'eau de pluie et d'herbes grasses, jetteraient l'argent papier, l'argent or, l'argent bijoux et offriraient l'argent terre, l'argent case, l'argent héritage. De toute violence, il ne resterait qu'un vague souvenir à la manière de pas sur un sol poussiéreux balayé par le vent.

ÊTRE. La pluie fifine sur moi comme sur la ville, le soleil éclate sur moi comme sur les roches, les éclairs tonnent sur moi comme sur les hauts mornes, mais dans l'amène lumière de l'hivernage je regarde paisiblement mon passé, je scrute sereinement mon horizon et m'émerveille d'être là, vivante, debout, téméraire et invincible ; je suis une fière à l'allure indolente qui a survécu à la monstruosité, gagné des combats inimaginables dans le ventre des navires, les sillons de la canne, le tourbillon des halliers, l'enchevêtrement des bois, la froidure des nuits sans toit, la terreur des crépuscules d'engrossement, l'habileté à esquiver les châtiments, la touffeur des distilleries, des pièces à cuisiner-laver-blanchir-repasser, le silence des services sans fin, et aussi dans l'acceptation d'équité, l'abrogation de privilèges et le consentement de paraphes. Si je n'avais pas affronté l'abomination et renoncé à l'infâme, si je n'avais pas arrêté les coups, apaisé les larmes et adouci les rancœurs, qui m'aimerait encore ? Je n'ai pas, comme certains, pris la vie en haine même si tout se jouait parfois odieusement à pile ou face, mais j'ai transformé l'aversion des oppresseurs et des opprimés en fascinante curiosité et j'ai troqué le ressentiment en rémission. Si la démesure m'obsède, si la fanfaronnade m'est parure, mon gloria demeure à tout jamais l'engagement. Véritablement, j'ose le dire, je suis résistance, survie, espoir ; à moi toute seule, je suis une histoire incroyable qui parle du stupéfiant, un texte hybride qui traite de siècles sidérants, un incipit violent, une préface haletante et une épigraphe polyvocale. Plus entêtée qu'ânesse bâtée, je suis de celles qui ne mollissent jamais et je ne crains pas de dire que je suis une virtuose de la vie comme de la musique. J'ai tout pris, n'ai rien demandé, quémandé, pour faire le surprenant migan qui me caractérise. Je déconcerte, c'est vrai, mais qui aurait vécu ce que j'ai traversé ne serait guère différent.

QUITTER. M'adossant à ce qui m'a fait, recueillant mes silences et mes vociférations, je prends mon élan pour franchir en paix les frontières terrestres et océanes avec les vents complices. Je rends visite à ma sœur Martinique qui n'est pas archipel comme moi, malgré sa multitude d'îlets ancrés dans l'Atlantique entre la Pointe du Diable et celle des Salines, mais qui sait faire dentelure de ses côtes et déployer des paysages variés dans un si minuscule territoire. Je suis étonnée par ses routes bien plus étroites que les miennes, par Saint-Pierre désolée pas plus grande qu'un hameau qu'on a peine à croire à sa splendeur passée, par l'Anse Couleuvre déjouant avec ruse le tour de l'île. J'aborde avec envie et fébrilité Fort-de-France, ville étrangement nommée et gardée par les Forts Saint-Louis, Desaix et Tartenson, sa Place de la Savane, lieu tournicotant des promenades à la fraîche tout comme mes Places de la Victoire et Champ d'Arbaud ; j'ai entendu tant de choses sur elle qu'elle m'effraie et m'attire. Je l'imagine il y a quelques siècles, je revois les dominateurs ériger la statue Joséphine, les artistes rebelles obstinés la décapiter et ensanglanter sa robe de marbre, apposer sur le bas-relief au-dessus de la couronne impériale, tenue par ce piteux grandissime Napoléon, le sigle de Texaco. Nulle part dans le monde n'existe pareille statue, semblable monument mariant domination et affranchissement, faisant Annales lisibles pour tous de la violence, du courage, de la sagacité et de l'humour. Terrible Place de la Savane réunissant statue Joséphine, statue d'Esnanbuc et Forum Frantz Fanon. Je perçois aussi les dealers traficoter impunément à ses quatre coins jusqu'au devant de la bibliothèque Schœlcher où s'entassent archives mémorielles et écrits de certains bonimenteurs qui, dans leurs divagations d'impuissants, racontent que toutes les servantes des petits mulâtres se faisaient violer sans rien dire sur un morceau de carton dans un de ses coins nommé Bois de Boulogne, par des Fils du Diable, majors régnant sur le Bord du Canal, les Terres-Sainville, la Cour Fruit-à-pain et le Morne Pichevin. Pourquoi ces extravagants en mal de je ne sais quoi s'étourdissent-ils tant à réduire les hommes à de comiques assassins ?

… Et me voici, comme chez moi, précipitée dans l'incongruité de l'histoire : Cathédrale Saint-Louis dans la rue Victor Schœlcher entre la rue de la République et les rues de la Liberté et Félix Éboué, Lycée Schœlcher non loin du quartier Texaco au-delà du Canal Levassor et sa fontaine Gueydon si célèbre et si misérable aujourd'hui qu'on a peine à croire qu'il s'agit d'elle lorsqu'on la découvre, filet d'eau ne cascadant plus, perdue dans le fouillis des halliers.

… Et voici, parsemés hors des villes, les vertigineux vestiges de l'effroyable splendeur d'antan, mélange de prodige d'architectes, d'habileté de charpentiers, ébénistes, ferronniers, de suprématie de colons et de contre-pied de visionnaires : habitation Saint-James dont le nom fait rêver les rhumiers inexpérimentés ; Lajus, première productrice de rhum vieux, aux jardins hantés par la dame blanche, au toit de tuiles et à la grille estampillée L.D ; La Frégate dont un des membres, puissant Gouverneur des Isles du Vent, est prétentieusement inhumé dans le cœur de la Cathédrale de Fort-de-France ; La Sucrerie inopinément immortalisée par la célèbre biguine ; La Poterie qui recouvrit le bourg de ses tuiles ; la surprenante Paquemar toute en pierre de taille ; la pérenne Des Grottes qui aime se nommer Case Paul ; Beauséjour à l'extrême pointe du nord non loin des falaises orgueilleusement dressées face à l'Atlantique ; Pécoul indissociable de Bissette dont le nom fut un cruel étonnement pour Schœlcher ; O'Mullane qui exécuta plaisamment son Gaoulé sous le signe du dix-sept ; La Pagerie impériale ; l'homérique Habitation Clément, barrant défaitisme et crochetant nouvelles résistances, gardée par des figuiers-maudits spectraux semblables au visage mille fois répété sur les barriques de rhum dans l'entassement ordonné des chais ; Céron ; Fond Saint-Jacques, et j'en passe…

… Et comme chez moi, j'ai vu, devant l'hôtel de Ville, devant l'église, dans les rues, les habitants de l'île perpétuellement fleurissante donner des spectacles en singeries et pitreries mensongères dans les processions-mariages : grands-parents béats, parents soulagés, ribambelle d'enfants désirés pas désirés portant habits de cérémonie comme uniformes d'écoliers, hommes infatués, fiers comme chien en canot, jeunes femmes si belles qu'on ne sait comment et regards si délavés qu'on ne sait pourquoi.

… Comme chez moi, j'ai retrouvé la puissance parentale à faire taire toute contestation lorsque leurs enfants, eux-mêmes déjà parents, leur rendent visite ; j'ai vu les cadets redevenir soudainement ti-mouns se contentant de manger, de marmonner ; et, s'ils osent quelques objections, les aînés les stoppent vite fait bien fait, se délectant à les contredire pour réaffirmer, quoi qu'il arrive, qu'ils ont toujours raison. Il y a du pouvoir dans l'air et pour un rien c'est négociation Israël-Palestine, c'est désir sournois de néantiser l'autre.

Pourtant,
comme il est doux de passer, fouetté par le vent et les embruns, de la Pointe du Bout à la Pointe des Carrières ; comme il est grisant de prendre la mesure de l'île du côté de l'habitation La Liot ou au sommet de la majestueuse et inquiétante Pelée que les Pitons et le Pain de Sucre suivent dans sa frénésie des hauteurs. De sa cime sans chapeau, j'ai vu les ravines pleines lézarder jusqu'à la mer, traverser des communes dont la population, absorbée par son quotidien, tourne parfois la tête vers celle qu'elle nomme aussi Nuée.

Sans certitude, ni balan, plutôt dans une étrange hésitation et réserve, je reviens sur mes pas, traverse La Dominique où survivent mes derniers Caraïbes, et je retrouve cette tyrannie du corps qui étreint les vieux habitants que je viens de visiter. Prenant soin d'eux-mêmes dans le fol espoir d'une longue vie, ils mangent, boivent et multiplient les médications : infusion du matin de feuilles et fleurs de manguier, tisane du soir de ti-baume ou semen-contra, cataplasme de feuilles médecinier, décoction de feuilles piment, tabac ou siguine d'eau, et bain démarré, au cas où. La plupart des jeunes, quant à eux, se laissent emporter par la vague d'embonpoint quand ils ne se sont pas soumis à cette loi. Ni mesquine, ni dispendieuse, cette voisine au doux prénom et qui ressemble tant à mon côté couchant, surnage tantôt patiemment tantôt avec fureur ou ruse dans les poussières d'îles, comme on nous nomme parfois sans respect. Trafiquante en tous genres, grande ouverte aux bourreaux ou traficoteurs, elle mêle cruellement cupidité, impunité, privauté avec générosité, pauvreté, crédulité, authenticité et fierté.

Je poursuis mon voyage vers le nord en me laissant porter, tels les oiseaux malins ou las, par les courants marins et aborde celle que je vois par temps clair depuis ma Pointe de la Grande Vigie. Elle n'est pas mieux lotie que ce refuge immuable que je viens de traverser dans la plus grande expectative avec parfois la peur au ventre et le cœur en dérade lorsqu'en me couchant sur son sol j'ai entendu d'incroyables geignements, respiré des remugles effarants et ressenti d'étranges cahots comme tremblement lointain de terre. Qu'a-t-elle donc enfoui qui peine à resurgir ? Je dois l'avouer, j'en garde la vision d'une île entre désolation et exubérance, dénégation et reconnaissance, à l'image d'un reflet flavescent dans une mare d'eau croupie ; labyrinthe des sens, chausse-trape des jugements, elle m'a immergée dans une étrange perplexité teintée d'une mélancolie que mon cœur n'aurait pas soupçonnée. On appelle cela un goût amer. Je pense qu'il a insidieusement pris le pas sur la jouissance de la découverte et qu'il déroute mes élans et mes ardeurs, car après tout qu'ai-je vu sur ce bout de terre qui a adopté à sa naissance la forme de l'Afrique ? N'ai-je pas, à la croisée des ruelles, hésité devant l'effervescence, la fougue, la fébrilité de la foule portant dignement cicatrices et flétrissures ? Alors, qu'y a-t-il de refoulé pour que surgisse, chez mes enfants, le mépris et la haine contre elle ? Ne savent-ils pas que personne ne leur viendra en aide quand ce sera leur tour de se débattre ? Qui répondra à leurs appels s'ils ne savent comprendre, secourir ? Trop d'indifférence, trop d'orgueil. Ah, pourtant ! Avoir une telle voisine, courageuse, opiniâtre, ne devrait pas être une entrave à l'entente même si parfois le cœur se serre à éprouver ses combines aussi malicieuses, ou perfides, que celles de la grande Saint-Domingue pour accaparer les envies, fantaisies et devises étrangères.

… Mais, semblable à un bateau démarré, l'île de mon nouvel abordage n'est pas aussi vieille que le dit ostensiblement le nom qu'on lui a donné et qui n'évoque plus sa langue quotidienne.

PLUS LOIN ENCORE. Je quitte les petits territoires, ces poussières de roches pour lesquelles plus personne ne bataille, et atterris sur la partie ouest d'une grande île étrangement coupée en deux dont la terre boueuse ou sèche et craquelée de son Ouest, socle d'amour et de détestation, couve des regrets, des secrets, des espoirs disparates, des résignations et des furies énigmatiques qui s'étendent à l'arc archipélique comme poussée pélagique. On a tant cru en elle, cette Haïti chérie, on s'est si follement glissé dans son audacieux et légitime sillage que c'est pitié de la voir écartelée, démembrée, martyrisée par l'avalasse des saisons indigènes et indigénistes, vivre une morte-saison séculaire qui, périodiquement, veut se donner des airs palingénésiques. Nouveau monde et finistère à la fois, cette Montagne dans la mer, m'est diablement odieuse et délicieuse. À peine arrivée dans la plaine de l'Artibonite, qui prend des airs d'Asie, je vois surgir des femmes à la croisée de quatre chemins. Ni effrayantes, ni menaçantes, seulement insolites, tout de blanc vêtues telles des revenantes des entrailles de la terre, roulant des fesses comme jamais, mâchouillant des plantes grasses et marmonnant, elles me toisent simplement comme l'on fait des prostituées. Tu n'es pas de notre monde, voilà ce qu'elles marmottaient ; mais filtraient aussi des mots d'amour qu'elles n'osaient pas dire, par pudeur ou embarras.

Dépitée, de la Montagne dans la mer, je passe au Pays des sources connu du monde entier parce qu'un jour sa musique a traversé les océans et percé les cœurs audelà de la raison, pays dans lequel misère et fierté se côtoient constamment, de Kingston au moindre coin de campagne. Quel était ce pacte insensé entre musique caressante et glapissements argotiques qui ne cachaient ni leur belliqueux dédain, ni leurs rancunes assassines, ni leurs stupéfiantes croyances et aberrantes espérances ? Amour, paix, revanche, orgueil et prétention s'entremêlaient dans les volutes de l'herbe sacrée sous l'égide d'un Négus statufié, imposteur, coryphée mystificateur soi-disant seigneur d'un empire de l'origine des origines. C'était pitié et incrédulité de voir les gens de ce pays l'accueillir tel un dieu, se prosterner à ses pieds, boire ses paroles comme un nectar céleste. Et certains, rêvant du pays de la source au-delà de l'horizon de leur île purgatoire ou enfer, c'est selon, sont partis bâtir le Nouveau Monde, une Nouvelle Babylone, une Nyabinghi, sur la terre de ceux qu'ils prenaient pour leurs ancêtres légitimes, tandis que d'autres parcouraient naïvement le monde à la recherche de nouveaux disciples dans la transe des concerts titanesques. Dans le Pays des sources, d'humanité, de violence, de contrastes, je pars à la recherche de *Frenchman's Cove,* dont j'ai tant entendu parler, où plantes luxuriantes et xérophiles se côtoient, où l'on *peut avoir tout ce que l'on veut,* où il est de mise de demander du *champagne toutes les heures* en ignorant la misère, la détresse, mais aussi l'audace, la vaillance et le ressort d'alentour. *Frenchman's Cove* est un fantasme, une incongruité qui se veut paradis, une verrue qui se rêve diamant. L'insolite habite ce lieu dominé par une règle : l'excentricité de l'argent.

Certains diraient…

… que ma traversée incomplète de l'arc arrive bien tard, mais comment ne pas la refaire de temps à autre pour admirer l'archipel en mouvement, en espérance ? J'ai vu des combats perdus d'avance et des victoires, des menaces et des présages, des preuves de vie et de survie, des yeux étincelant de haine ou d'amour, des mains quémandeuses ou chargées d'agoubas ; j'ai amèrement constaté, tout comme un Trinidadien de renom, qui n'avait rien compris aux danses et à la musique de cet archipel, simples gueuseries pour lui, sujet adoubé dans une île nostalgique de son empire et guerroyant absurdement avec sa voisine, que ces territoires épuisent *leurs énergies en mesquines luttes de pouvoir* et maintiennent *les préjugés mesquins de sociétés mesquines,* que les clans, à Trinidad, se substituent aux classes sociales, que la moralité des Antilles *veut que tout homme qui se respecte ait une maîtresse et toute femme qui se respecte un amant, cependant que toute l'île sait exactement qui couche avec qui,* que le tourisme peut rendre fou et que les conversations s'achèvent souvent par des déclamations ampoulées, des arguments qui n'en sont pas, simplement des assertions enflammées par l'alcool de leur territoire ou d'ailleurs. Mais si j'ai vu des scories ineffables, des hommes cauteleux et des femmes chicanières, j'ai vu la vie à l'œuvre.

REVENIR. J'ai parcouru l'archipel, des plus petites îles à la plus grande, si longue, si équivoque et si têtue que je ne sais dire le tohu-bohu qu'elle a fait naître en moi. J'ai arpenté ses rues et ses places obstinément partisanes où sourdent fêlures plus tenaces et profondes que brûlure de décollage de neuf heures, où rêves et cauchemars se troquent contre trois babioles à deux sous ; j'ai goûté les saveurs de sa terre réellement merveilleuse et fertile en ivresse, savouré sa lumière douce à boire, lapé ses matins chauds, ses bords de mer fourmillant à la tombée de la nuit, coudoyé ses irréductibles espoirs doux-amers dans les volutes des havanes et ses indomptables postures de crocodile. Elle a l'allure d'une fête sous la pluie.

RENTRER. De Margarita à Nassau, où dit-on il fait bon vivre, j'ai été emportée par un maelström plus mordant que l'odeur souveraine de soufre, traversé un arc-en-ciel de braise miroitant de passions ordinaires et sombré à maintes reprises dans des mondes aussi rugueux que mon corail. Si cet archipel sidéral m'a roulée dans ses brisants, gragée comme manioc, fouettée comme linge en rivière, il m'a nourrie d'un suc brutal plus épais que sirop batterie des meilleures cannes campêches.

2

À mon retour,
l'odeur des bougainvilliers, des genévriers, ti-baume et mangues mûres, se mêlant aux senteurs du café goutte à goutte, m'a grisée…
le murmure des eaux de rivière, le clapotis marin, les soupirs des feuillages, les déflagrations des loges de sabliers, m'ont ravie…
l'éclat et la luisance des siguines m'ont éblouie…
la majesté et la grâce des fougères arborescentes m'ont affolée…

Gorgée de compassion, d'amour et de vitalité, j'exhalais de mille essences. Le lien se renouait et mon appétence n'avait jamais été aussi puissante. J'étais plus vivante qu'une coulée de lave, plus brûlante qu'un soleil de midi, plus impatiente qu'une pluie d'avril, je sursautais à la moindre brise inattendue, je m'affolais de petits riens. Je bondissais, je criais « c'est moi, c'est moi ! C'est moi-même ! ». C'était une exaltation sans nom. Je me croyais aussi vaste que l'univers et j'appelais la foudre sur moi comme si elle n'était qu'une étincelle, juste pour me faire trembler encore un peu plus. J'étais vivante… et j'avais l'impression de mourir.

J'ai frissonné,
vacillé,
chancelé.

Puis vinrent la clameur des hommes, le silence des femmes dans les rires de leurs enfants. Les mots-déchirure de l'ordure coutumière, les mots-concorde de l'espérance ordinaire me terrassèrent et, n'osant plus mettre un pas devant l'autre, jeter un regard ni à droite ni à gauche, je restai, une fois encore, muette.

EMBOUQUER. Je me suis perdue dans une impasse de Basse-Terre, cette ville un peu morne que l'on dit aristocratique : impasse Toussaint Louverture. Faforo, diraient mes cousins de la Côte des Mal Gens, Bonnes Gens, à qui l'on a volé l'Ivoire. Faforo ! Gnamokodé ! Une ruelle sans issue pour celui que l'on a figé sur un cheval fougueux et cabré. Dans le même temps, j'ai croisé des yeux noirs, des yeux clairs et les yeux larmoyants de ceux qui ont exploré ma souffrance dans les bois, les villes et les cases en tôle ou à colonnades, les yeux dolents de ceux qui bien qu'enracinés ont voyagé dans la peine, parcouru la trahison et la déraison, les yeux implorants qui m'ont rappelé qu'on a sacrifié mon nom de baptême si mélodieusement guttural, Karukera, pour un nom qu'on dit du bout des lèvres, Santa Maria de Guadalupe, de ce sanctuaire d'Extremadura que vénérait celui qui a cru me découvrir comme si je n'existais pas avant lui, comme si je n'étais pas déjà nommée. Les gens pestent contre cette impasse, rient de cette ignominie, mais l'ignorent le plus souvent pour se reposer du tremblement qui parcourt leur corps, leur cœur, lorsqu'ils lisent comme moi *Impasse Toussaint Louverture.*

Et moi, seule et triste,
pour me délester de ce boulet, je fais un saut jusqu'au Boulevard des Héros qui fait contrepoids, secoue

les inerties comme Trou Madame Coco ou Gouffre Grand Gueule. Je me laisse porter par la fureur des vagues puisqu'elle apaise ma colère aussi promptement que tisane ti-baume ou verveine. Retrouvant une respiration docile, je me jette dans la foule à la recherche de sentiments presque naïfs, comme on part à la quête d'une bille-zig fulgurante pour récupérer la bille-mab perdue dans le jeu d'un kristal endiablé et sans lequel la journée n'est que *gwopyèl*, gros cœur et mal ventre. Dans les ruelles de Massabielle, je croise des enfants qui jouent à Cho-baissé et Cho-caché, d'autres qui rivalisent d'agilité à vinèg-cho et d'autres encore s'exerçant au banza sur des zanolis égarés sur la terre battue chauffée par le soleil. *Kikiliki kikiliki* chantent les petites filles en entraînant les garçons dans une ronde qu'elles transforment en farandole des fiancées, cherchant qui voudra bien épouser mademoiselle Untelle au beau Palais Royal. Farandole innocente, regards en roulés, démarches chaloupées de petites barques encore trop frêles pour la haute mer. Je louvoie entre les parties de triyang, de padkochon, évite les billes pèrlouz badach, gagat trente-deux et katachat boulé. Ici, dans ce quartier si modeste que presque pauvre, dans ces ruelles sans trottoir ni voiture, les enfants se risquent encore à la toupie, à piké jida et autres jeux des sans argent.

Siiiiii c'est Ouiii, c'est de l'essssspéraaaaaance
Siiiiii c'est Nooon, c'est de la souffraaaaance.

On joue aussi
avec moi.
On me promet un avenir si radieux que nul soleil ne pourrait rivaliser avec mon futur. Mais avant, je dois

expier, je dois me soumettre, je dois, bonne fille, apprendre à être grande, à être raisonnable, à être sage et responsable. On me dit capricieuse, lunatique, on me traite même d'incorrigible gamine qui, malgré tout ce qu'on a fait pour elle, ne sait comprendre et obéir.

Ha-han
    un coup de fouet pour m'éduquer
Ha-han
    un autre coup pour me rappeler qui commande
Ha-han
    un coup encore pour marquer qui est au-dessus et
                                qui est en-dessous.

Plus funeste que les vents cycloniques, plus détestable qu'enfant gâté-pourri, le passé sent le remugle, les fosses d'aisance et la chair brûlée. Je suffoque. J'étouffe même pendant l'euphorie des Carnavals où les hommes, en femmes fardées, montés sur talons aiguilles et se pavanant avec des airs de plus-libres-que-l'air, croient donner une belle réplique à celles qu'ils traînent quotidiennement dans la boue. En réalité, ces craintifs n'osent pas vivre plus-libres-que-l'air de peur qu'on les montre du doigt, de peur de subir la raillerie, l'insulte, l'opprobre. Et les femmes rient ! Et les enfants rient ! Tout le monde rit de ce désastre qui fait vidé et boit mon rhum pour s'étourdir et oser sans oser. Jambes fortes ou jambes squelettiques, rasées, pas rasées, lèvres fardées, paupières colorées, longues tresses et bijoux d'apparat, voici la mascarade des hommes. Reines de la fête peut-être, mais en réalité toujours rois.

Tout paraît si convaincant, si certain, que ce n'est que pitié et nausée.

Dans mon quotidien,
je ne cesse de battre en brèche et en retraite, courage et couardise me brassent, moi, île peuplée par vagues conquérantes, métissée de force ou de gré ; et certains, pour la gloire ou la gloriole selon leur friponnerie, rient de mon malaise, le transforment en cocasse, divertissement et monnaie trébuchante. Ne savent-ils pas que j'existe sans eux ? Que j'existerai bien après eux malgré leurs rires kra kra kra ou leurs tristes grivoiseries qui n'amusent que les brigands, malandrins et vauriens. Et qui me glacent. Grelottant sous l'intrusion de cette étrange froidure, je recherche les pentes solfatariennes et les gueules torrides des cratères rassurants. Mais, zorteils carrés dans la sphaigne, c'est en vain que j'essaye d'oublier les coups bas que l'on me porte alors que je me débats pour survivre et vivre dignement.
Perchée sur les hauteurs du Morne Cala, je cherche la sensation de tranquillité qui m'abandonne souvent dès l'aube pluvieuse. Je veux croire aux lendemains, au repos du fugitif, à la fatigue des dogues, au marronnage des femmes au seuil des cases et aux rires mélopées en l'absence de cris ensauvagés ; je veux croire au plaisir primaire de la baignade en mer ou en rivière, de la cueillette des premières pommes-surettes, du mâchonnement de la chair boucanée de l'animal grandit à l'arrière des cours et… du premier baiser. Je ne veux plus des rebus de violence sous les cendres encore tièdes, car il suffirait de peu pour que reprenne le souffle du diable, ce souffle d'enfer qui brûle l'âme ; j'ose croire que le jour peut triompher de la domination comme il le fait les nuits de pleine

lune, car si nous avons, mes sœurs-voisines et moi-même, été un peu malhabiles, l'assurance et l'audace sont venues avec les veilles, les bras PROMPTEMENT coupés, les jarrets PROMPTEMENT tailladés, les mains PROMPTEMENT tranchées. L'arbitraire nous a rendues à la fois muettes, téméraires et si audacieuses qu'on nous trouve effrontées. Il faut bien le dire, tout comme mes sœurs, je rêve souvent et plus que de raison.

Je suis encore parfois maladroite, mais je sais que cette maladresse est attachante. Je me dis qu'on pourrait m'aimer si on m'entendait, si on me voyait, car je suis devenue plus attentive aux bruissements de mes arbres, aux susurrements de mes sources, aux vrombissements de mes chutes et aux clapotements de mes vagues, simplement pour faire partie du monde, pour être sauvée comme un jeune oiseau qu'on aurait trouvé devant la porte d'une case, qu'on aurait ramassé, à qui l'on aurait donné à manger et qui… finalement rythmerait les journées de ses envols. Je veux m'emplumer, garder de la hauteur, planer et, dans ce désir absolu, je me demande si je n'ai pas toujours voulu ravir les cœurs. En somme, je voudrais qu'on m'estime.

Vraiment, vouloir et avoir sont deux choses.

Je quitte le morne Cala, longe la côte, et arrivée à Baille-Caverne, c'est comme si le sol se dérobait sous moi. La peur doit se lire dans mes gestes ; je serre ma terre contre ma poitrine et son odeur me confie, sans attente, le secret des scintillements. Ma terre est mon rêve, mon trésor et ma consolation. Il est doux pour moi de savoir que je suis aussi son soleil-vivant ; et, si sa douceur me fait frémir, c'est que j'y distingue les corps d'enfants, de femmes et d'hommes d'antan.

Lorsque mes yeux s'embuent à la naissance du jour, je raconte les histoires d'avant pour connaître le vent, le soleil, la caresse de l'air, le monde en quelque sorte, j'invente une parole qui soulagerait des mots et je perçois des inflexions troubles qui rappellent l'amour, ce plaisir que tous mes habitants recherchent. Ils disent qu'il n'est pas de plus grand délice que de se laisser prendre par la douceur amoureuse en pressant la chair tendre des hanches, en s'abandonnant à la chaleur et à l'épaisseur molle des langues ; or, bien souvent, leurs corps crient douloureusement dans le secret de la nuit ou la lueur du soir l'ineffable absence, le ratage, la peur et le manque d'audace. Certains se croisent comme des mendigots, bonjour-au-revoir et c'est tout, d'autres s'ignorent, d'autres encore s'entretuent alors qu'ils ne rêvent que d'extases. Le jeu de massacre continue.

Vraiment, vouloir et avoir sont décidément deux choses.

Pourtant !
JE CONNAIS des femmes qui aiment
des langues douces et brûlantes, épaisses comme un autre sexe, qui aiment mélanger les salives, sentir des mains pétrir leurs seins dans un mélange d'excitation, de douceur, de quiétude et de volupté, voir les visages proches crispés par le désir, fort et douloureux, regarder les yeux de l'impossible, inventer un souffle à la limite des forces, entendre les cœurs battre le même rythme et les respirations s'accorder dans le vent caressant du soir chargé de coassements

de grenouilles, de miaulements et de cris de chats dans les jardins.

JE CONNAIS des femmes qui aiment
déshabiller les hommes et les pousser sur un lit, s'allonger à côté d'eux, s'installer sous eux, passer une jambe autour de leur cou et sentir les va-et-vient comme la poussée des plantes, l'éclosion des fleurs, l'éclatement des bourgeons.

JE CONNAIS des femmes qui aiment
humer l'odeur enivrante de la lente pénétration, du flux et reflux sans fin comme le cycle des saisons, comme la respiration fracassante d'une poitrine soulevée par les mouvements de l'air, du sang et du plaisir ; qui aiment éprouver la turgescence humide et chaude, le jaillissement de la semence épaisse, opaque et visqueuse ; dire un doux prénom et avoir le sentiment de le répéter sans fin, gémir, perler, comme la mer lorsqu'elle est démontée ; transpirer une sueur à l'odeur de la terre humide, penser des oui et des non, flancher, plier, imaginer des étoiles dans les yeux, être dans l'amour comme dans une belle navigation sans dangers, sans orages ni tempêtes et s'imaginer en plein milieu de la rade des Saintes au crépuscule lorsque les terres se changent en ciel et que les étoiles naissent en elles.

JE CONNAIS des femmes qui susurrent :
“Tu verras, je saurai te donner du plaisir, violent, lancinant ; je t'inventerai un souffle à la limite de tes forces, tu essaieras de calmer ta respiration, mais en vain, car je ne t'abandonnerai pas. Je ne te laisserai de répit que pour mieux recommencer. À chaque fois que tu

croiras en finir, je m'arrêterai pour prolonger ton voluptueux calvaire. Tu me regarderas avec les yeux de l'impossible, tu diras mon nom plusieurs fois et tu auras le sentiment de le dire sans fin. Tu m'appelleras et me détesteras, car tu ne me croyais pas capable de tant d'audace, de tant de liberté. Je te ferai gémir et tu gémiras parfois comme l'océan, tu transpireras tant et tant que ta sueur aura l'odeur des fins de pluie."

JE CONNAIS des hommes qui aiment
des odeurs de sueur et de sexe, des mots sans pudeur, qui songent en dièse, qui ont des pensées insolentes, ardentes à tétaniser les muscles, accélérer et ralentir le temps.

JE CONNAIS aussi des hommes
bavards dans l'amour qui se délectent du plaisir trouble dans le son cristallin des voix des femmes et recherchent des rêves mièvres ou des délires insensés.

J'en connais encore qui
ont des projets de despote, des commentaires grotesques, des certitudes, et j'en connais aussi qui plient soigneusement leurs vêtements avant de coucher leur corps sur une femme et font l'amour comme on récite une leçon en osant réclamer leur éruption comme un dû sans appel.

JE CONNAIS, JE CONNAIS.

J'en connais aussi une
qui a bien failli ravir tout le bonheur de la terre et qui, si on lui en donnait le pouvoir, choisirait malgré les averses et les vents qui l'ont détrempée de *renaître,*

souffrir et mourir chez moi, *île à volcans, à cyclones et moustiques, à mauvaise mentalité.* Je connais aussi un habitant de l'embâcle et de la débâcle qui, en dévoilant ma sœur, a parlé de moi. Il a comme nul autre exploré notre mangrove, psalmodié notre blessure, ébruité notre long silence, pansé nos plaies, attesté de notre vitalité *au bout du petit matin, crié ASSEZ, ASSEZ DE CE SCANDALE,* tout comme il évoquait simplement nos manguiers pavoisant de toutes leurs lunules au mois d'août, nos cyclones accouchant en septembre, nos cannes flambant en octobre et nos distilleries ronronnant en novembre. Un autre encore a su voir, par *la force du soleil dans les yeux,* lézarder nos chemins à travers les *grasses allées d'herbe para, aux odeurs de taureaux,* et nos boucles tourmentées de rivières, a su transformer nos embouchures en deltas, comprendre que pour saouler *l'herbe de cris jaunes* il suffit de *pommes-d'eau près d'une source* et que ce que notre mer, *plus touffue en septembre, rejette sur le rivage, n'est toujours que l'écume de la vie.* Il sait que nous avons créé des hommes, tels *cascade de lumière, pour dire la vérité sur terre,* certains *pour la dire avec du sang, et d'autres dans la vraie grandeur ;* il se rappelle de nos timtims et peut répondre que ce qui est plus immense que la mer est *le ciel au-dessus.* Sa parole est *comme un coutelas de feu* qui *clarifie le présent.* Il sait, lui, poète qui *descend sans guide ni palan, sans rive ni sextant ni clameur demeurant,* parler du *temps de la souffrance qui illumine et crier merdement de merdement.*

Mais,
 trop souvent,
leurs voix sont recouvertes par les crieurs de mots, de *paroles vendues pour un plat de lentilles.* Nous avons

beau leur dire que nous, territoires saupoudrés dans une mer safre, *égarés à l'entrecroisement des chemins, nous peinons à la recherche de notre route,* ils continuent à nous engainer d'une *opacité goudronneuse,* nous fourvoient *dangereusement sur des pistes enténébrés de maldiocre.* Parfois, îles lasses, *nous ressassons de vains reproches sans rien tenter contre les semeurs de deuil* qui ne savent pas marmonner, chuichuiter, crier de sincères amwé-pitié-bondieu, sentir que nous sommes fécondes, puissantes, résistantes, dans notre entêtement à palper à contre-courant *la vie avec le désir de lui arracher des secrets.* Alors, *quand le poids des grandes fatigues menace d'ankyloser nos nageoires,* mes sœurs et moi, *nous faisons la planche, contemplant l'écaillure de la voûte céleste, respirant le parfum d'étoiles,* rêvant de nous comme de pays sans chaos à la hauteur de la vaillance du colibri. Là, à l'abri d'une anse, sans éveiller le moindre soupçon, nous estompons notre soleil, brassons notre vent, farinons nos nuages, pinochons nos heures, pour endormir le beau monde qui nous exploite, suce notre sang et crache dans le calalou que nous lui avons offert.

Il en faut peu et beaucoup pour dire ce que je suis
réellement
et il faut être bête-longue pour m'enfermer dans mes
carences et me rendre burlesque.

Ha-han,
un coup de liane-bambou pour les malveillants.
Ha-han,
un coup de tamarin vert pour les maldisants.
Ha-han, ha-han, ha-han, ha-han,
une volée de branches ti-baume pour les profiteurs.

J'explose.
J'enrage.
Je ne décolère pas.
Je suis un carême malade qui détrempe bananeraies, cannaies et jardins potagers ; je suis un hivernage avare en nuages, pluie et vent.

J'éructe.
J'enrage.
Je vomis les massacres sous couvert de doudous.
Je fulmine contre les mensonges, les aveuglements, les mots-assassins, les caresses-lances, les éternelles violences, dénégations, pensées despotiques, commentaires simplistes, certitudes d'oppresseurs poignardant ignominieusement les cœurs offerts. Révoltée par ces mièvreries, ces délires insensés, je n'ai pas de mots assez durs pour dire ma fureur et mon humiliation.

Ô, oui, j'éructe,
j'enrage,
je vomis les cœurs empierrés, les mains étau et les mots fétides.

Vraiment… vouloir et avoir sont décidément deux choses.

Dans mes rêves, j'aurais aimé être la vie tourmentée sans léthargie ni tranquillité. J'ai envie de tout bouleverser, de produire des amours émouvants, de changer, d'accepter mes désirs, car se mentir ne dure qu'un temps. Faut-il croire ce que répètent à l'envi ceux qui me veulent maudite, que les hommes qui foulent mon territoire sont de bons amants, mais pas de bons maris ? Faut-il que je sois à ce point damnée ? Suis-je, comme le dit un poète de l'Autre Rive,

… comme un caillou que l'on ramasse sur la plage
Comme un bizarre objet perdu dont nul ne peut dire l'usage
Comme l'algue sur un sextant qu'échoue à terre à marée ?

On dit que le désir d'exister grandit avec celui de se souvenir. C'est vrai. Mais, naviguant sans cesse entre Espoir et Douleur, je ne sais si je dois croire tout ce que l'on dit de moi, que je suis un sanctuaire, une mangrove, quelque chose qui s'est peu à peu construit, mais que je peux aussi disparaître comme je suis née.

Je suis arrivée au bout de ma patience, car on ne peut pas toujours porter des hommes qui ruminent trop souvent leur passé sans le comprendre et l'évaluer. Au début, j'avais voulu partager toutes leurs peines, toutes leurs envies… vivre avec eux en somme. J'avais cru qu'ils pouvaient entrer et rester dans l'amour et le partage, mais ils n'étaient entrés que dans l'embrasement de leur être viscéral. Après l'euphorie, ils sont de nouveau en perdition. Je ne sais pas si je dois avoir de la pitié ou de la colère et je n'arrive pas à les renvoyer à leurs turpitudes, à les juger, de peur de me tromper. J'aurais voulu engendrer des hommes dont le visage ne rime pas avec courants d'air. Mais à l'appel de mon désir, il n'y a eu que le silence.

Je sais qu'ils aimeraient trouver le bonheur, comme un enfant, loin de l'inquiétude, car ils croient que les tourments n'existent que pour eux ; ils ne savent plus si vivre est une joie et si le rire reviendra habiter leurs cœurs et leurs amours. Ils se vivent comme des clandestins dans leur maison, croyant, pauvres fous, que leurs tourments sont exceptionnels, qu'ils sont toujours des enfants que je protégerai des périls, qu'ils peuvent dormir sans se soucier du lendemain. Ils veulent vivre dans la rassurance des visages, des lèvres qui les embrasseraient au coucher et sauraient trouver les mots pour les bercer et les endormir. Ils voudraient trouver, à peine sortis de la nuit, le bol fumant d'eau de café, les tartines de beurre ou de margarine. Ils veulent les mots de l'endormissement, "fais de beaux rêves", pour transformer le monde, exclure la haine, croire à l'impossible qui se met à cogner à la porte. Mais, il y a des nuits où le sommeil ne les trouve pas, car ils sont en errance.

Plutôt parler-parler que ressasser en silence.

En me promenant dans mes communes les plus reculées, j'ai vu des femmes aux jambes longues et fines, j'ai senti leur odeur de mangue mûre et quelques-unes semblaient amener tant de fraîcheur que les hommes croyaient pouvoir se reposer sous leur ombrage, être consolés par elles et les consoler aussi… peut-être dans des gestes et des mots sans innocence. Mais tout cela n'est que du rêve. Se rendant compte avec amertume qu'elles ne peuvent rendre heureux ceux qui les approchent, elles se sentent coupables d'avoir rêvé. Dans le même temps, j'ai vu une femme se tenant à l'écart de tous, réconfortant son enfant qui s'était éveillé en boudant. Elle avait la stature de celles qui sont passées par des chemins de traverse et qui connaissent la soudaine et éphémère bouderie de l'enfance qui craquelle les cœurs. Elle ressemblait aux déesses du carnaval, ces extraordinaires figures de parenthèses de la vie quotidienne canalisant les énergies à travers des danses peu catholiques et des chansons moqueuses louant le refus de la soumission, l'envie du désordre et le désir de liberté. Ces prodiges que je crée chaque année, forcent, ne serait-ce qu'un temps, à devenir de bons vivants et à ne plus lancer des regards de personne-qui-sait-tout-a-tout-goûté-à-qui-on-n'en-compte-pas.

Je sais que mes habitants rêvent parfois, dans un délire insensé, d'être d'un autre pays, d'un autre territoire, large, démesuré, colossal, voire d'un continent inédit et inexploré. Pourtant, moi, je n'ai pas fini de parcourir mes ensablements, mes échouages, mes scellements, de franchir mes verdoiements et d'enjamber mes indigences. Il est vrai que je marche tantôt avec sérénité tantôt avec hargne ; j'effleure mon sol, piétine ma terre, plonge avec douceur ou fureur dans les vagues qui lèchent mon rivage, je traverse les lueurs aveuglantes et les lucidités tout comme l'obscurité et les mensonges les plus infâmes, je susurre douceurs comme sourires d'enfants, comme regards reflétant beauté, grâce et assurance d'innocents. Et dans le même temps je crie Infamie, Vilenie, Ignominie, Calomnie. Je ne peux retenir les huées qui montent et montent ; je crie, je pleure, j'étouffe d'indignité, d'affront, de flétrissure, de déshonneur et… je veux des musiques comme on n'en a jamais inventées, des musiques de fiançailles, d'épousailles, de chagrin, et d'autres encore à en crever, je les appelle avec des mots comme des coquericos de combattants ou des cris de goret de samedi malheureux.

… Mais pour l'instant,
je reprends pied, retrouve mon souffle, mon appétit, ma soif, moi l'effrayée, l'enragée, moi terre souffrante, aimable, désirable, si vieille et si jeune, si hardie et si hypothétique. Je reprends mon souffle, m'installe paisiblement sur mon volcan et examine ce que l'on a fait de moi durant mon absence. Je vois des maisons comme des roses de porcelaine, des jardins comme des laitues montantes, des clôtures comme des lianes d'igname. Tout me réjouit. Pour l'instant, je veux ignorer les verrues, les immeubles en béton, les commerces démesurés où l'on vend de quoi se nourrir, se vêtir, s'équiper,

se divertir, bricoler, jardiner, décorer. Mais comment éviter ces excroissances sur mon territoire si petit ? Il faut bien que la vie se fasse, que le temps s'étire. Pour l'heure, moi, île incorrigible rêveuse, je ne vois que mes beautés, je veux me câliner et je m'en veux de penser souvent à mal, de m'emporter, de vitupérer mon petit monde comme l'on gronde des enfants qui jouent trop bruyamment. Aujourd'hui, irradiée par la paix, je n'ai qu'un désir : contempler mes frêles habitants qui se débattent tant bien que mal, les aider à déconstruire, construire et reconstruire, eux qui m'obligent à aimer les minutes suspendues ou perdues comme des perles de pluie. Je vois des hommes qui s'activent à la cuisine, remuent les casseroles, mettent le couvert et nourrissent les femmes comme des invitées de marque. Je vois des femmes se promenant aux bras d'hommes aimants ; je les entends répéter en sourdine et fièrement, comme on l'est d'un enfant qui s'est fait attendre et qui arrive alors qu'on commençait à désespérer, “je suis aimée de lui, je l'aime”. Je vois aussi des tout-jeunes sagement accoudés, donnant répit au voisinage, aux parents, à ceux qui sont peut-être devenus trop vite des grandes personnes.
Alors, je me dis que si ma vie a commencé sous le double signe de la chance et de la malédiction, la fortune ne m'a pas quittée malgré tout, car ayant fréquemment joué à qui-mieux-mieux, il me semble que je n'ai pas perdu, même si parfois je me lamente, crie anmwé-anmwé, pleure sanglots sur sanglots.

Mais… qu'y puis-je si je suis toujours à l'affût, vivant parfois à peine, le souffle court, le cœur en battue à la recherche de toute monstruosité ? Qu'y puis-je si je suis sans cesse en chasse des carences ? J'ai longtemps prétendu me connaître à force de scruter la moindre rocaille, d'inspecter les croisées de chemins, de fourrager les broussailles et le jour et la nuit. En réalité, je ne cherchais qu'à débusquer les signes de violence. Je voulais frapper, frapper. Pas un peu, pas semblant, frapper vraiment. Je me disais "Allez, vas-y ! Vas-y ! Déniche-la, déloge-la, dénonce-la, cette violence qui t'obsède !" Je sombrais avec délice dans l'ivresse de la flétrissure. Allez ! De la violence, du dégoût, du vomi, du bruit d'armes blanches dans les ventres et les côtes, han ! Je ne daignais pas la récuser, cette sauvagerie pas si rare, pas si barbare que je voulais bien le croire.

Moi, longtemps violentée,
J'AI CRU que le temps n'était qu'une saison
éternelle,
J'AI CRU qu'il était frère d'instant immuable, tout
comme
J'AI CRU que la pluie n'existait qu'en hivernage.
J'AI CRU qu'un ciel clair et léger annonçait une
journée chanceuse.
J'AI CRU à la répétition à la manière d'antiennes pour
mieux m'enivrer de défaites.
J'AI CRU que hasard, fortune, destin, étaient les alliés
de désastre, funeste, navrant,
J'AI CRU que vipérin était leur quiddité.
ET J'AI CRU à l'affliction, à la détestation, à la
maudition.

JE ME NAVRE encore de tout à certains moments, quand la lune plus claire que l'eau de mes ruisseaux répand une sensation d'immobilité, d'abandon, de froidure, quand le ciel plus vaste qu'un territoire déserté bâche les espérances et que la nuit paraît éternelle. Certains me disent qu'il faut le trouble, le désarroi, la peur, pour savourer l'apaisement, le repos, la quiétude ; d'autres se rient de moi comme ils le font de ceux qu'ils appellent innocents, originaux et quelquefois fous-fous lorsque la tendresse les surprend. Mais vient un moment où les paroles ne sont pas tout, où le sentiment plus fort que Père Labat ou Bologne s'installe pour des jours et des jours, où chamboulement et pagaille ne font qu'un, où entrave rime avec barrage.

JE VOUDRAIS partir à la conquête de rêves, de désirs et d'extravagances ; JE CHERCHE mon souffle, mon cœur ; JE SONDE mon âme ; J'APPELLE toutes ces choses rebattues, banales, et sottes : rêves, désirs, extravagances, souffle, cœur, âme. Je ne m'accommode pas d'inappétence. Je ne peux renoncer à mes utopies. C'est mon empreinte, l'estampille de ma carrure, la marque de mon opiniâtreté, le sceau de ma témérité. C'est le stigmate de ma bravoure, la cicatrice de ma vaillance. Je ne m'acclimate ni à l'aberrante ineptie ni à l'impudente lâcheté.

Du haut de mon sommet Soufrière, si j'aperçois les vilenies habituelles, je me délecte des dévouements, des coumbites périodiques datant de nanni-nannan, j'écoute la clameur des ordres semblables à des rires prometteurs de semences consolatrices et, soupeser les indigences me paraît aussi exécrable que la posture des pères qui réclament tant de leurs enfants qu'ils les effarouchent ou celle des mères exigeant l'obéissance comme l'amour. Il est des sommations qui pétrifient même les plus téméraires, les plus prompts à l'audace. Entre eux et les craintifs, la distance se raréfie sous ces injonctions terrifiantes ; et, s'il est une évidence, c'est celle-ci : la filiation peut être aussi une épreuve, une ornière ou un fléau qui se présente sous les traits enjôleurs d'une aubaine.

On dit que les femmes quand elles sont mères, gouvernent. Mais, j'ai parcouru des livres, des romances et des vérités, et j'ai découvert-redécouvert qu'il y avait des enfants qui voulaient toucher au plus juste et d'autres qui se comportaient en souverain, en despote sous des airs de messie. Je pourrais citer des livres qui ne sont pas de chez moi, écrits sous des latitudes étonnantes et attirantes pour moi qui ne connais que deux saisons, moi qui suis bercée comme d'autres par le rythme d'un océan et d'une mer. Comme moi, les femmes *veillent. Elles veillent sur l'incendie naissant d'enfance, elles aident le feu de vie à prendre. Plus tard, beaucoup plus tard, elles regardent ceux qu'elles ont faits rois et qui ne savent plus leur parler.* Il aurait pu être de chez moi, l'auteur de ces mots troublants et qui confie également que les femmes ont une manière de *tenir leurs enfants, leurs maris, leurs amants, le bleu du ciel et l'ordinaire des jours à bout de bras,* que ce que les hommes *appellent mystère, c'est la simplicité des femmes et c'est leur solitude.* Il a encore raison lorsqu'il dit que *les femmes sont seules au début, au milieu et à la fin de leur vie.* Il parle du féminin, de la femme solitude, femme habitation, femme savane, pampa, campo, prairie, toundra, steppe, veld ; femme solitude et bras inlassablement chargés de vivres pour la survie et la vie. Mais si elles viennent toujours en déesse, on les reçoit souvent en gueuse et les congédie en va-nu-pieds.

Il y a ceux qui m'apportent, l'air de rien, de bonnes nouvelles et ceux qui me poignardent dans le dos avec des sourires de bonimenteurs. Depuis peu, je sais les reconnaître et quand ils s'avancent vers moi, je change de trottoir, prends l'allure d'une étrangère pour qu'ils m'ignorent, comme ils savent si bien le faire quand on n'a pas la même démarche qu'eux. Leur stratégie et leur préméditation me glacent. Pourtant, moi, île de toujours, je suis inlassablement en partage les mois où il n'y a rien à faire sinon me rendre prodigue. Moi qui suis la douceur même, je ne sais pas pourquoi ces bonimenteurs veulent me bousculer, me piétiner, moi, île bonté, île généreuse, pourquoi ces gredins ressemblent tant au mois de septembre avec son cortège de vents hurleurs, de nausées de mer et d'offenses hallucinantes. J'endure leurs mascarades, leurs mensonges, leurs impostures, je me console souvent tant bien que mal et attaque dès que je le peux. Je les attends à la croisée de quatre chemins et leur assène alors un coup tel que, sous leurs masques, leurs sourires mielleux ne sont plus que grimaces. Ils ne savent pas qu'à *tant* prétendre *connaître, on ne connaît plus rien* et qu'à tant vouloir rayonner comme un soleil singulier on s'étiole. Quel est ce mal que l'on confond souvent avec la beauté du mystère, que l'on entretient comme si c'était une grâce ? Je crache sur les malandrins qui profitent de la souffrance banale de tout homme. Et ils sont nombreux ces coquins malveillants, ces gredins scélérats, ces voleurs moralistes ! Si le brio de leur malice m'affole parfois, je sais qu'un jour, ils récolteront ce qu'ils répandent : le fiel. Ils se rient de tout, brocardent ceux dont la demeure est bonté, humilité, aménité, se moquent des attentions ordinaires, “ Prends soin de toi ”, “ Ne rentre pas trop tard ”, parce qu'ignorant les mots de l'amour, ils ne peuvent les reconnaître.

Mais…

… Je suis la montagne et la mer, les fonds et les mornes, les campagnes et les villes, les tracées secrètes et les routes manifestes, la terre rouge et la terre blanche, l'eau bleue et l'eau verte, le sable noir et le sable blanc, la vague douce et agressive, la mangrove et l'herbe paraca.
Je suis l'acomat géant, le résolu aguerri, l'herbe-à-tous-maux aventureuse, la manzelle-marie audacieuse, l'orchidée-abeille, le colibri, le malfini, la mangouste, le mabouya, le c'est-ma-faute, la molocoy, la blennie.
Je suis la sphaigne, douce et abondante, la sphaigne-fraîcheur ceignant mes étangs petits ou grands, frangeant mon sommet millénaire, celle qui recueille le breuvage purifié du ciel et regorge d'un élixir de quintessence pour les assoiffés de vie.
Je suis le feu et l'eau, la passion et l'amour, l'indispensable, l'incontournable.
Je suis d'ici.
Je ne suis pas d'ailleurs.
Je ne suis pas autre, même si on m'a débaptisée, rebaptisée, caractérisée.
Et je ne suis l'obligée de quiconque.
Mon vrai nom, est celle-qui-donne-la-bonté-et-suffoque-sous-la-violence.

J'ai fait un voyage.
J'ai parcouru les lieux de mes voisines…

… et me voilà de nouveau parmi les miens. Je retrouve ceux qui m'attendent avec impatience et ceux qui me brocardent sans cesse sous couvert d'aménité, m'entravent de paroles comme fers en pieds, de sourires colliers-forçats, de cadeaux pacotille, et dont la complaisance m'est plus odieuse que les mois de septembre. Mais comme j'ai *déjà souffert pour mille ans,* rien ne m'effraie, rien ne m'est impossible. Je n'ai pas besoin, comme ces sinistres camelots, de la douleur pour exister, des ténèbres séculaires pour justifier mes déficiences ni de la cruauté de mes bourreaux pour me blanchir, m'innocenter. JE SAIS quelle est la part noircie de mon cœur, l'étendue de mon ressentiment et l'abîme de ma violence. JE SAIS que je reviens de loin et que cela ne suffit pas à légitimer mes travers.

J'ai fait un voyage malheureux, peureux, affreux, hideux, monstrueux, tempétueux, blême ;
j'ai fait un voyage heureux, courageux, délicieux, majestueux, somptueux, silencieux, bleu,
… et sérieux.
J'ai pris soin de moi, je ne suis pas rentrée trop tard…
… et me voilà de nouveau chez moi à arpenter mes lieux et visiter les êtres qui les peuplent. Je m'étais éloignée pour mieux revenir et entendre les rires, les plaintes et les complots qui sourdent de droite et de gauche. JE RECONNAIS l'espérance des enfants aux yeux charbon éclatant, vert étoilé ou couleur de la terre. JE RECONNAIS la naïveté des filles en socquettes et vernis qu'elles troqueront bientôt contre des chaussures de femme pour donner l'impression de fragilité. JE RECONNAIS la douceur des garçons mais aussi leurs violences sépulcrales et, pour calmer la fièvre de leurs jours quand les cauchemars sont plus tenaces que les visions sereines, la nuit, j'envoie sur eux des fraîcheurs capiteuses pour qu'ils osent franchir la porte

mystérieuse du bien. Je leur donne une chevelure de toison où puiser la force pour cheminer avant d'arriver à leur temps de vieillard, à l'âge où l'on redevient simple et bon, comme un enfant, quand il est trop tard, quand les pensées, les images, les sentiments, défilent sans logique et qu'on laisse faire.

Je me promène dans les jardins publics créés pour ceux qui n'ont pas un lopin de terre, qui ne peuvent se reposer à l'ombre d'un manguier majestueux et je pénètre les potagers privés dont les plantations ordonnées révèlent les élans et les résistances. Je scrute l'intérieur des maisons où chacun vague à son quotidien. J'en vois certains installés dans des berceuses, d'autres affairés, mais finalement tous ballottés par le temps On dit que la confiance est la matière première de celui qui regarde, que c'est en elle que grandit la lumière. Pourtant, je ne donne pas aisément ma confiance ; j'évalue, je soupèse tous ceux qui habitent chez moi ou viennent me visiter. Essayer de m'apprivoiser par d'obscures stratégies est inutile, il suffit de prendre ma mesure, de garder en mémoire le vacarme des siècles que j'ai subi et dont je me remets à peine. Il suffit d'évaluer ma grandeur. À intervalles réguliers, j'accueille la bonté et demande pardon à ceux que j'offense encore aujourd'hui, même si reviennent les frustrations empierrées et renaissent les querelles qui m'obligent souvent à vivre à l'écart. Autrefois, j'étais muette ou répétais seulement des mots appris par cœur, à coup de trique il faut dire, je jouais à l'enfant sage et bien élevée ; puis, j'ai transformé le champ plat et lisse qu'on m'offrait malicieusement, j'y ai mis des aspérités nouvelles, fait remonter des roches étranges semblables à des osselets humains et si bien enterrées qu'il m'a fallu des ans et des ans pour dissiper mes stupeurs ainsi que les railleries qui les accompagnaient. Je me suis cabrée maintes fois et maintes fois on a voulu briser ma volonté. J'ai pris des coups, j'en ai rendu. Je me suis entraînée à la rudesse. Certains trouvent que je suis lente, mais qui aurait vécu ce que j'ai traversé ne ferait pas mieux. Ce sont les mêmes qui m'ont volée, piétinée, dominée, ont trafiqué contre moi qui me demandent la lune, et comme je ne me laisse pas abattre par leurs tours de passe-passe, ils ne savent plus comment me maltraiter. D'autres se sont confiés à moi et nous avons échangé ce que nous savions déjà, nous avons mêlé nos voix et nos espérances. Si nous avions gardé le silence, on ne nous aurait pas acceptés. Le mépris des uns m'afflige, l'indifférence des autres me stupéfie et la solidarité de certains me console. Je passe pour une insensée, pour une emmerdeuse ou pour un espoir naissant. C'est selon. Mes désirs semblent bien trop souvent gênants pour la plupart et les plus arrogants guettent la moindre de mes paroles, se jettent dessus comme des charognards, les dépècent, les font disparaître dans un brouhaha sans nom. Je me retrouve, seule, démunie, dépossédée de ma clameur et j'essaye de garder bonne figure, malgré tout. C'est une forme de résistance que je ne renie pas. Je suis un réceptacle, je recueille les sarcasmes des uns, les confidences des autres et le silence des indifférents. Il y a des plaintes, des complaintes, des sentences, des accusations. On exige de moi plus que tout autre. Je suis fatiguée, mais je ne souhaite pas qu'on se lasse de moi ; je voudrais qu'on me dise “Sois la bienvenue”, que la connivence s'installe entre nous comme elle s'édifie pour les convives d'un festin autour d'une table. Je vis des journées et des nuits comme l'effroi de l'annonce de tempêtes. Je guette chaque mouvement en me demandant si ce sera une caresse ou un coup de gourdin. J'en ai tant vu, années de déboires, d'exaltation, de disputes, de sérieux et de fêtes, qu'on ne peut me reprocher d'être sur mes gardes.

Je parcours le paysage qu'on m'a imposé et celui que j'ai construit pour faire face, mais aucun ne ressemble à celui de mes rêves. C'est inouï. Je suis insatisfaite, même de moi, et j'attends des lettres d'amour de continents, d'îles, de territoires peuplés d'histoires que je n'ai pas vécues. Mais puisqu'on ne m'en envoie pas, j'improvise ces lettres que je ne reçois pas, je les écris sur le rythme de mon cœur qui bat si fort qu'il me terrifie :

> Sois la bienvenue, toi qui as survécu. Apprends-moi tout ce que je ne sais pas, apprends-moi la nuit sonore, les danses de révolte et d'amour, fais-moi entrer dans tes jours qui se ressemblent ne se ressemblent pas, dans tes détrempages fous, et je t'apprendrai un respect nouveau, celui que l'on invente à chaque rencontre, à chaque sourire. Je t'apprendrai le froid et la grêle des mondes où l'on sait aussi accueillir, où la chaleur des cœurs est parfois plus forte que celle de tes mois qui ignorent la pluie.
>
> Si je rêve de toi, ce n'est pas pour t'envahir de mes désirs et pour t'obliger à je ne sais quelle mascarade. Si je rêve de toi, c'est pour ta lumière, pour la brillance de ta peau et le scintillement de tes yeux que je trouve plus doux que le lever du jour.

Et si je rêve encore de toi, c'est pour m'enivrer de ton odeur, de ton suc et de ton miel.

Tu vois, je dis tous ces mots de la bêtise, ces ritournelles que l'on trouve belles lorsqu'on est amoureux. Mais si un jour, tu m'abandonnes, pour je ne sais quel regard, quel autre grain de peau, quel arc-en-ciel, si tu me dis qu'il te faut un autre air pour que le soleil brille au-dessus de ton volcan, je ne crierais pas, je ne me soucierais pas du jugement des autres, car je sais que ton amour violent et triste n'existe que pour vivre la plénitude des heures foudroyantes. C'est notre point commun.

J'ai peur. Je veux vivre. Je demande grâce à la manière du fugitif cloué au sol qui ne peut esquiver les coups humiliants, ne peut réchapper de l'écartèlement, de l'offrande impudique de son corps nu et se sent comme un cheval que l'on soumet sauvagement. Et, pour masquer ma peur, j'invente sans cesse les lettres d'amour que je ne reçois pas. Parfois, je crois à mon rêve et j'imagine ces lettres en *souffrance*. C'est bien pire. Je ne m'accommode pas du désamour de mes enfants qui me négligent, me calomnient, me glorifient odieusement, m'humilient et ne me donnent rien qui ne me tue. Trop rares sont ceux qui me respectent et ne lancent pas, sous le coup d'une sorte de folie tropicale, je ne sais quelle parole insensée ; mais ces alliés ne savent plus comment m'aider, car je les ennuie trop souvent avec mes bonimenteurs ou avec ceux qui veulent à tout prix devenir Quelqu'un. En ce moment, je n'ai que cette litanie en tête : qu'on en finisse de me créoliser pour amuser ceux qui s'ennuient de leur vieillesse !

… On ne s'échappe pas de moi.

Je suis la présence et l'absence, l'exaltation et le vide, l'inconstance et l'obstination, le véridique et le fictif, la nonchalance et l'énervement, la moiteur et la brise, la fidélité, le mensonger, l'artifice, l'audace, l'appât, le mirage, et je suis aussi une terrible volition comme un lapsus dans la mer turquoise.

Si l'on croit me connaître, me contrôler, me dominer, on ne s'échappe pas de moi. Ai-je vraiment besoin de le dire ? Tous le savent, mais n'y croient pas. Et pourtant ! Je suis celle qui anime leurs aurores, inquiète leurs crépuscules et trouble leur sommeil. Je suis leur volonté, leur lâcheté, leur peur et leur espérance. Je suis leur air, leur peau, leurs tremblements, leurs stupeurs et leurs orgasmes. Ils ne le savent pas, mais je leur apprends intuitivement la beauté du dire et du silence, l'heureux pressentiment et celui qui effraie. C'est beaucoup et pas assez. Je veux les faire trembler, hurler à la mort ; je veux qu'ils vivent comme si demain n'existait pas et comme si hier était un songe, un souffle arraché, une barque enfouie sous les herbes grasses et les bambous trop vieux pour garder l'abrupt qui sied à leur nature.

Je mange, je bois, je rote pour les soumettre aux désirs de mon corps, et comme les grands gosiers qui martèlent la mer, je me repais de tout ce qui passe. J'ai une gueule assez vaste pour engloutir une belle île driveuse comme pas une, une île vagabonde comme moi qui, si elle voulait parfois, pour les jours de repos, me prendre pour compagne de conscience afin d'apaiser ses fureurs, m'aiderait, s'il se pouvait encore, à donner rendez-vous au temps, à m'enfoncer dans le labyrinthique encayage de mes pourtours ansés et creuser des limans inouïs comme des refuges inattendus. Tout entière dans une bonté inventée par moi-même, je calmerai mes ardentes exhortations qui assomment tous ceux qui m'abordent pourtant avec la plus grande cordialité.

Je suis intraitable, c'est vrai.

Je suis inflexible, c'est encore vrai ; mais, j'ai la bonté indestructible des nourrices et je donne souvent congé à mes habitants, car qui pourrait vivre avec mon intransigeance ? Qui supporterait sans cesse mes injonctions, mes sommations, mes ultimatums criards ?

Pourquoi dirais-je seulement la souffrance ou le bonheur ? Je veux dire la joie débordante et l'immense peine dans le même temps, je veux les baisers et les insultes, les effleurements et les horions, l'eau douce et l'eau soufrée, je veux l'étreinte et l'abandon, les picotes et les morsures. Certains disent qu'ils ne peuvent me comprendre, d'autres disent qu'intolérable me qualifie à perfection ; mais, moi, j'ai seulement le cœur fou. Je suis repue d'horreur et de compassion pour mes étranges détracteurs qui m'épient et m'envient dans leur interminable surveillance. Si mon chemin est caillouteux, les leurs sont trop damés. Et pourtant, il y a parfois entre nous la distance d'un grain de sable.

J'ai des femmes
qu'on ne nomme plus qu'odieusement Man et pourtant plus belles et plus luisantes qu'à leur époque de siguine, plus fines que de leur temps de guêpe, plus attirantes et fascinantes que leur jeunesse à hautes fesses, plus douces et plus assurées qu'à leur règne de zinzins à falbalas. J'aime mes femmes en-aller, mes femmes au mitan du chemin pierreux de leur vie, insouciantes des on-dit qui les persécutent. À l'image de celle qui ensoleille l'Impasse Montout et qui porte un doux surnom venu d'ailleurs, Gitane, mes femmes en-aller sont ma sève vivifiante ; elles me gorgent de leurs voix délicatement rauques, de leurs hanches et de leurs seins tendrement alourdis qui leur donnent la démarche gracieuse de celles qui savent où elles vont. Elles ne marchent pas en levant la tête avec audace comme le font les toutes jeunes femmes pour se donner de l'assurance et affronter l'obséquieux chemin des "tsi-tsi-chérie-doudou" qui se veulent des hommages ; elles toisent simplement les vils flatteurs et les prédateurs, puisqu'elles ont atteint l'en-aller qu'on prend souvent pour un fini alors qu'il s'agit d'un enfin. Elles sont ma munificence, le suc de ma terre, l'espoir qui me porte, la puissante vigueur qui m'enracine et me transborde. Penser qu'elles me chahutent, c'est bien mal saisir l'enfin à odeur de muscade et de poivre qui me fertilise.

Leurs bras,
portant sans effort les rigueurs du temps, se chargent d'offrandes nouvelles comme verdure de savane après l'austérité des mois brûlants. Résistants, patients, aguerris, chauds à en mourir, prêts à enflammer la vie, leurs bras présagent d'un partage immédiat sans ensablement, sans récifs frangeants ni barrières de

brisants. Comme des eaux calmes, ils sont annonciateurs de mélancolie vive scellant des désirs aventureux et ne demandent qu'à rompre l'ennui ou la froidure des quarantaines absurdement imposées. Dans leur magnanimité, ils rendent abscons les verbes dépérir et périr.

Leurs lèvres,
figurant des bonheurs inopinés et stupéfiants, une érotique insolite, ne sont pas bouton de rose de porcelaine ou coquillage fantaisiste, mais frontière du jour et de la nuit, présence aurorale, vitalité de larmes et de rires. Elles augurent un partage immanent.

Leurs yeux,
troubles disent de si flamboyants désirs que l'on jurerait qu'ils viennent de naître au monde. Fragments de lumière, éclats de galets tels des rognures d'éternité naufragées entre tropique et équateur, ils rendent l'avenir infaillible.

Leurs oreilles,
à l'écoute des vacarmes et des douceurs, jurent de ne plus être amadouées si ce n'est vérité et, répondant à l'invitation généreuse de rauques vocalises, donnent l'assurance des possibles.

Leurs cheveux,
filao ou bagasse, témoignent de mélanges accomplis sur mon sol plus labouré, lacéré, bafoué, qu'aucun autre.

Leurs jambes,
telles canne, bananier ou bambou, projetant des

ombres khôl, laissent songeur tout flâneur absorbé dans des rêvasseries insanes et l'engagent à guéer rivières et ravines des désirs.

Leurs cuisses,
modelées par les pétrissages de corps charpentés, certifient une aisance semblable à celle des longs fleuves tranquilles qui inondent des territoires au-delà de mes frontières.

Leurs fesses,
ahurissantes buttes telles Pitons de Sainte-Lucie ou éminences déconfites promettent monts et merveilles à qui veut y croire.

Leurs démarches
de sauvage quiétude, figurant la coulée des volcans, prophétisant un tellurique enchanteur, inaugurent des présages loyaux attestant la grâce de leur âme sororale.

Je suis parcourue par ces femmes que je ne nommerai jamais Man tant elles sont mes eaux natives, le limon de mes champs et le sédiment de mes cultures. Et si elles sont, comme on le dit, volcaniques, ce n'est que pour cracher la fureur engendrée par la provocation des malandrins, scélérats et autres brigands. Leur colère n'est que justice, leur démence n'est qu'exaspération face à la persistance des affronts et des vilenies. Qui pourrait supporter les reproches continuels, les jugements indus, l'outrage, la tyrannie et l'infamie de ceux qui se veulent dominants ?

En elles, je ne vois que bonté, quand elles n'ont pas adopté l'allure qu'on veut leur imposer, et je ne crois pas qu'elles aient le désir de ciels obscurcis de vengeance. Je les vois bien mal aiguiser une revanche, car elles savent qu'à forger un cœur en tesson on ne crée pas d'humanité. Mes tendres, mes patientes, mes glaneuses de voyages amoureux, si paisibles sous les coups injustement assénés, si naïvement confiantes dans les jours à venir que l'on dit toujours meilleurs ! Parfois, il me semble qu'elles ne mesurent pas l'espace et le temps, qu'elles oublient le ciel bas et lourd des condamnations sans appel. Les vilipendeurs connaissent-ils à ce point leur cœur largement offert comme pastèques sous l'ardeur du soleil pour les écraser sans vergogne ? Et je me demande souvent pourquoi elles se laissent faire ? La tristesse est-elle un plat si savoureux qu'elle demande un agouba ?

On dit que les hommes qui sont nés chez moi sont des vauriens qui confondent réel et mensonge, émoi et rassurance, c'est vrai ; qu'ils ont besoin d'avoir des enfants-dehors pour établir leur force, pour attester leur existence. Or, leur fortune n'est faite que d'allers-retours insignifiants et mornes, de soucis obligés, de temps dépeuplé au milieu de femmes et d'enfants qui les harcèlent. C'est un insipide train-train qu'ils prennent pour de l'exaltation. Les "ti-mâles", comme disent innocemment mes habitants en riant toutes dents dehors sans savoir qu'ils préparent leur malheur, n'ont aucune humanité ; ce sont des êtres étranges que j'ai fécondés, nourris, en espérant en faire des hommes, mais qui ne daignent toujours pas devenir des "ti-bonheurs". Beaucoup de "ti-mâles" sans splendeur restent chez moi, puisque voyager c'est soutenir son souffle et écouter son cœur, aiguiser sa volonté et dominer ses fatigues, et puis aussi saisir sa force et harponner ses lâchetés, faire face à ses incertitudes et comprendre son âme ; en somme, rencontrer ses peurs et ses faiblesses. Mes craintifs ne sont pas de cette trempe, trop de fragilité les effraie. Rois à l'intérieur de mes frontières, vétille en dehors. Ce rien, insoutenable pour qui n'est pas aguerri à l'inanité et à la finitude, fait d'eux mes prisonniers et c'est probablement cette évidence qui les rend inhumains. Parfois, ma colère est telle que je les appelle "caca-chien, pissa-chat", et je pue, je débonde de leur peur.

Heureusement, il en est certains, généreux comme des châtaigniers ou répandant autour d'eux une odeur de ti-baume, ne veulent pas ressembler à des moins que rien, évitent de se perdre dans les comptages de la fuite, du mensonge, de la trahison, et fustigent le moissonnage des enfants-dehors. Mais vouloir et refuser sont deux choses. Quand ça advient, ils disent, dans une colère touchante, que c'est malgré eux. Ils se promènent tout à la fois avec le visage grognon de leur enfance et celui écumant de leur âge d'homme depuis qu'une femme leur a donné un enfant-dehors ; ils pestent, fulminent, hurlent, invectivent leurs proches, ne savent plus comment dire l'aigreur de leur ressentiment… contre elle, pas contre l'enfant. Ils abominent ce qu'ils appellent piège. Je voudrais qu'ils comprennent que ça ne peut pas durer, qu'il n'est pas bon de vivre avec la colère, car partout où ils se trouvent, c'est le même refrain : piège, traquenard, chantage, et saloperie quand le soir a fourni son cortège de verres. Ils ne sortent pas de ces années de rancune, de regrets et de remords. Leur hargne est telle qu'on croirait qu'ils ont perdu papamaman. Ils en veulent à la terre entière et vomissent les enfants sans parents. Ils voulaient un père et une mère, tout près tout à côté ; ils ne voulaient pas d'enfant-dehors, ni de près ni de loin. On peut dire qu'ils se sentent maudits. Par bouffée, leur hargne conquiert leur territoire. Ils disent qu'on les pille, les déchiquette, les assassine. Ils évaluent leur vie à la hauteur d'un exil.

… Moi, île tropicale,
j'aimerais leur dire de laisser leurs larmes débonder, de pleurer enfin tout leur saoul avec des hoquets et des vomissements et d'en finir avec la souffrance… car la vie n'est pas un calvaire.

Pour moi, la vie n'est plus une torture.

… Mes visiteurs d'été partis, je reprends mon rythme familier un peu léthargique, un peu hystérique, de toute manière un rythme qui me satisfait. Je retrouve ma pluie généreuse, mon soleil rassasié, mes vagues plus belles que jamais, mes amours assurés, mes gens qui ont le courage de rester avec moi. Plus terrible que jamais, je leur demande de reprendre leur souffle quotidien, d'oublier les illusions exaltantes des vacances où tout paraît si simple, si léger ; j'exige d'eux qu'ils désapprennent l'insouciance importée par ceux qui vivent dans l'outre-mer aux quatre saisons, là où dit-on tout est plus savant, où les érudits, paraît-il, sont plus nombreux que les astres de mon ciel.

Et, ils répondent à mes injonctions.

Et, ils ont la vaillance qui sied à leur place.

Je ne suis pas tendre avec eux, c'est vrai. Ce que je leur impose ressemble aux nombreuses impasses que j'ai conçues pour les obliger, dans un mélange d'assurance et de fragilité, à la conscience, à l'écoute des signes de souffrance, de nostalgie et de tendre fraternité. J'ai beaucoup d'impasses sur mon territoire, aux abords de mes communes ou perdues dans les hauteurs de mes campagnes, et s'il en est une qui me fait honte, *Impasse Toussaint Louverture,* il en est une autre, *Impasse Montout,* qui me rend hommage. J'en ai d'autres qui lui ressemblent, qui rivalisent avec elle, mais leur vigueur ne parvient pas encore à les hisser à sa hauteur. Belle *Impasse Montout,* belle ruelle amours et cancans, c'est à elle que je songe quand je frissonne dans les hauteurs du Carbet, à deux pas des bains jaunes et chauds ; c'est encore à elle que je pense quand mon ciel s'obscurcit et que la mélancolie s'accroche à moi comme mabouya au plafond. *Impasse Montout,* plaisirs et rires, maisons ouvertes, carnaval hors saison, chantés Noël en août, enfants dehors comme fourmis folles ; *Impasse Montout,* réjouissance de mon cœur, je voudrais lui offrir des fragments d'écrits susurrant de religiosité qui la conduiraient à la merveilleuse intranquillité de l'âme qu'elle quémande en imposant des va-et-vient incessants à ses résidants ; des recueils qui lui apprendraient, ou lui rappelleraient, qu'elle peut emprunter le chemin de la foi ou celui, plus difficile mais plus vaste, de la croyance en la vie pour embrasser tous les possibles et évaluer ses forces insoupçonnées. *Impasse Montout,* j'ai envie de répéter ce nom à satiété, *Impasse Montout,* allée d'hibiscus gorgée de sucriers, de pères noirs, ruelle sans issue qui n'a point besoin d'éclairage tant ses âmes vivantes, semblables à des lucioles, irradient de largesse, d'amours exaltés ou fardés, de petites histoires de rancune sans conséquence excluant ainsi toute monotonie. Ceux qui peuplent l'*Impasse Montout* ne sont pas comme certains de mes habitants qui se rient de tout, même du malheur des autres, qui traversent avec une assurance et une légèreté inouïe mon quartier Carénage où les femmes aussi miséreuses que dans leurs pays, mes îles voisines, tapinent pour manger, pour sauver leur peau, de toute manière pour survivre. C'est la misère, c'est l'horreur. C'est la misère, c'est l'horreur, c'est la puanteur des nuits, la fétidité des jours, l'infection ordinaire et la pestilence des vies qu'elles essaient de transformer en simple quotidien routinier. Et devant ce spectacle à pleurer, mes habitants plus chanceux rient. Ils rient ! Oui, c'est extraordinaire, ils rient ! Même les femmes s'esclaffent ! Mais je me demande souvent si leurs rires sont semblables à ceux des hommes ou s'ils traduisent un "ouf !", un "j'y ai réchappé !", si elles pouffent parce que les femmes jetées sur le trottoir défoncé de mon quartier maudit sont des miroirs hallucinants. Elles ont peur et honte à la fois tant il est vrai qu'il est plus aisé, plus rassurant, d'être dans le camp des épargnées, voire des vainqueurs. Finalement, je crois que tous les chanceux rient pour masquer leur peur, leur effroi. Dans cette foule *qui ne sait pas faire foule*, qui se moque des pauvres rescapés immergés dans la crasse, j'ai la triste impression d'être au marché à bestiaux. Mais pourquoi donc la vie de mes habitants se mesure-t-elle tant à l'aune de la raillerie et du pouvoir ? Je vois combien se jalousant, persuadés de la richesse, de la chance du voisin, ils n'ont qu'une obsession : découvrir la vie de ceux qu'ils envient… en oubliant sottement la leur. Le bonheur de leurs voisins engendre leur malheur et ils ne savent plus se réjouir de la félicité des uns et des autres. Mes habitants peinent à changer, ils sont malades du présent et plus encore du passé ; le mot Blanc les rend parfois encore névrotiques, psychotiques, hystériques, phobiques. Ils me rompent les os, me laminent le corps. Un de ces jours, je me mettrais en devoir de les déchouker, mais pour l'heure je voudrais simplement les guérir, je voudrais que la paix s'installe en eux comme lorsqu'ils se calent dans un hamac bercé par le souffle de la mer, comme lorsqu'ils boivent l'eau de coco du matin ou nagent au large.

En parcourant l'*Impasse Montout,* je me console, car j'y vois des gens qui luttent, s'aiment et se querellent parfois. Il y a ce jeune homme qui monte et descend cette sans issue inouïe, s'accroche à celle qui ensoleille l'impasse de son doux surnom d'étrangère, et ne sait pas encore que sa place sur ma terre est plus vaste qu'il ne l'imagine ; je l'appelle "le jeune homme aux quatre vents". Il traverse un tourment indescriptible, puisque c'est une tragédie que de n'être ni le premier ni le dernier fils. Au milieu de la fratrie, le sentiment de perdition est plus fort que celui d'exister ; mais vouloir conquérir une place dénudée demande trop d'effort, trop d'obligeance, trop d'abnégation. C'est beaucoup pour un seul homme. Pour oublier qu'il ne pourra jamais rivaliser ni avec le premier ni avec le dernier, il plonge avec fureur dans une activité débordante, travaille tant et plus qu'on se demande ce qu'il fait de ses nuits et de ses rêves. J'ai peur pour lui et dans le même temps je l'admire, lui qui me nourrit subtilement, m'oblige à la vigilance, me bouscule parfois sans ménagement, parfois avec douceur, lui qui fait partie de mes tendres, de mes dictames, de ceux qui ont risqué l'incroyable, expérimenté et éprouvé la distance avec les autres. Il a une voix tempérée comme un pastel dans mon pays à dominante criarde, et lorsqu'il murmure c'est une monodie océane que l'on croit percevoir. Plus serein que moi-même, il sait briser le cercle odieux des colères, rompre les déchaînements soudains, abattre les résistances et murer les rancunes. Je n'en connais pas de plus estimable dans ce silence qu'il livre à tous, les jours où pour lui tranquillité rime avec bonheur. JE SAIS que de temps à autre il entend résonner en lui des rêves chimériques dans un langage qu'il ne comprend pas tout à fait et qui le trouble quand l'orage gronde. JE SAIS qu'il s'essaye à ce discours voilé, même si sa volonté ressemble souvent à celle d'un mâle papaye ; la persévérance ne lui est pas encore coutumière. Il lui faudrait assurément renoncer aux dimanches et jours chômés chez ses parents si admirables, si impressionnants, qu'il se demande comment les égaler dans leur générosité et leur humanité ; il lui faudrait abandonner les nombreux va-et-vient chez cette femme au nom de diseuse de bonne aventure, qui font penser à des heures de biberon ; il faudrait qu'il reconnaisse qu'il est un temps où l'homme doit suppléer le fils. C'est pourtant ce que disent les yeux, les gestes, les silences de ses parents qui le couvrent de caresses, l'espèrent et le cherchent partout où il n'est pas.

Précédant le gardien stoïque de l'impasse dont la vie a brusquement pris une apparence monacale, il y a aussi ceux que l'on appelle tendrement les concierges, parce que leur maison marque le début de l'*Impasse Montout.* JE SAIS que personne ne doute de la force de ces tutélaires de l'impasse. Chez eux, tout le monde parle comme on se sert un punch au vieux rhum de ma Marie-Galante, et l'extrême solitude que l'on peut ressentir chez moi, île si petite que minuscule, le désir d'être ailleurs, comme on dit, de vivre des moments que l'on imagine stupéfiants, disparaissent en entrant chez eux.

S'ils ouvrent l'impasse, il en est une autre, semblable à une mère courage, qui ferme la voie. Attentive à la vie de ses enfants, le non ne fait pas partie de son langage, et si parfois la rigueur lui fait défaut pour veiller sur des ti-mondes aux noms doux comme une litanie, Dominique, Agnès, Frédérik, François, Audrey, Stéphane, Edwan, Hanson, Luna, Zawan, elle sait qu'elle peut compter sur l'indéfectible solidarité de la belle *Impasse Montout.* Femme qui sait ce que vivre, désirer, aimer et souffrir veulent dire, elle a, sous ses airs d'insouciante, le pas assuré et la démarche chaloupée d'une matriarche qui sait que le monde n'est pas aussi vide qu'on le dit.

Alors, voyez-vous, si j'ai des communes outrageusement morbides,
si j'ai construit des quartiers effroyables,
des allées sans issue…
… l'*Impasse Montout* n'est pas de ceux-là.

On ne s'échappe pas de moi…
tout comme on ne s'éclipse pas de l'*Impasse Montout* qui enracine les regards émerveillés ou sidérés. Elle est comme une aînée que l'on écoute, à qui l'on obéit en toute confiance ; elle est celle qui précède, et je sais que cette place lui donne l'assurance de celles qui savent qu'elles sont les protectrices suprêmes. En elle se résume toute la puissance de la filiation. Ceux qui n'ont pu s'y installer viennent inlassablement s'abreuver aux sources de leur enfance dans le doux espoir de voir renaître des émotions fugaces et terriblement bouleversantes, des sensations simples qui viendraient parfumer leur vie d'hommes et de femmes nostalgiques de l'insouciance des ti-mondes. Tous ceux qui sont en errance, qui ne savent pas ce que sera leur vie, ce qu'elle leur réserve, feront toujours partie de la troublante *Impasse Montout.*

On ne s'échappe pas d'elle…

3

… Et me voici, moi, silencieuse plus que jamais, penchée sur des feuilles noircies que certains considèrent comme des chimères parce que ce n'est pas dans leur habitude de lire des mots et des mots et de s'assoupir dans une fragilité sidérante dont ils ne savent pas combien elle suscite l'amour. Il est vrai que toute lecture berce et que l'on s'endort comme un bébé repu, dans une sorte de quiétude proche du bonheur tranquille. Hier, moi-même, je me suis endormie sur les derniers mots d'une lecture : *je n'avais jamais vu un sourire avant le sien ;* et dans mon sommeil, ils m'ont conduite sur un chemin que je n'emprunte guère de peur de voir surgir ma solitude, cet astre obscur et pourtant luminescent. Comme la promeneuse vers le phare, *j'ai eu ma vision* ; et dans le même rêve, une chanson haïtienne, *la pèson ô by-by, by-by, by-by … la pèson ô, by-by, by-by, by-by… papiyon nwè pran lari… kannòt chaviré… la pèson ô, by-by, by-by, by-by…*, accompagna mes pas, octroyant un plaisir trouble à mon repos.

Je me suis endormie en oubliant les procès que l'on me faits tandis que la pluie battait doucement et que le soleil me quittait. Ma nuit et venue, comme toujours, dans une précipitation folle. C'est le jour qui m'a réveillée. Tout est calme, tendrement calme sur mon archipel qui ne connaît plus de guerre et je sais que nombreux sont ceux qui s*e demandent comment vivre la quiétude* de mon *paysage effroyablement merveilleux*. Perchée sur mon volcan Soufrière, je vois mes plaines, mon océan et ma mer, mes ravines et mes rivières, je perçois l'odeur de ma terre humide et celle des cafés matinaux. Je me sens étonnement légère. Le sommeil m'a réconciliée avec mes rêves et la nuit a apaisé mes inquiétudes semblables à celles d'une mangouste affamée. Autour de moi, il n'y a que le bleu de ma mer et de mon ciel qui, parfois, me submerge en m'imposant une inertie tantôt maladive, tantôt fiévreuse. La face de ma mer me renvoie un paysage de méduses inquiétantes, si lentes qu'apparemment inertes, que je prends pour des nuages flottants entre deux eaux comme d'extravagants vaisseaux de paix surgis d'horizons énigmatiques. J'ai rêvé du ciel comme on rêve de la mer, j'ai plongé dedans la tête la première, je me suis enivrée de son ampleur, allongée dans son azur, reposée sur ses masses cotonneuses, saoulée de ses couleurs changeantes, et j'ai mesuré son souffle plus doux qu'alizé, plus suave qu'icaque des bois, plus lénifiant que tous les baisers du monde.

J'ai rêvé de voyages mirifiques et inquiétants.

ON DIT
que des voyageurs qui ne se ressemblent pas et embarquent tout de même ensemble pour une aventure incertaine, traversent une épreuve qu'on imagine difficilement. Ces périples, mêlant contemplatifs et actifs, curieux et indifférents, agrégeant ceux qui n'hésitent pas à affronter leurs faiblesses et ceux qui veulent jauger leur puissance sont des épreuves insoupçonnées.

ON DIT
qu'au début, ces actifs qui ne savent pas ce qu'est quiétude et délassement font des efforts, s'intéressent à toute chose, sont avides de nouveauté, et puis, subitement, sans crier gare, renoncent, trop paresseux, trop capons et, étonnamment hostiles à ceux qui pourraient leur apprendre la magie du regard, ils se rebiffent, contestent toute parole, tout engouement, tout plaisir, dès lors qu'ils viennent bouleverser leurs certitudes et leur léthargie. Un rictus de dénégation fige leur visage désormais insipide, laid et terriblement inhumain.

ON M'A RAPPORTÉ
qu'un de ces indifférents et dominateurs était si horripilé par l'émerveillement d'une contemplative que son irritation, qui venait de l'obscur de sa vie, d'une rage qu'il avait confusément contre lui-même, se porta injustement sur elle : ne pouvant supporter un plaisir qui lui était étranger, il la traita, sans détour, d'emmerdeuse, d'incapable, d'invivable. Et dans ce refus, dans cette détestation, il se présenta comme un immaculé, comme un qui sait comment vivre, qui sait ce qui est bon, vrai, et ce qui ne l'est pas. Face à ce spectacle qu'elle trouvait pitoyable, elle, l'invivable, ne prononça, dit-on, aucune parole mais, de ce jour, l'évidence que la certitude et la perplexité ne pourraient jamais se rencontrer lui sauta au visage.

Voyager…
est véritablement une épreuve ; c'est une tyrannie pour les assoiffés de pouvoir et un bouleversement pour qui sait qu'être souverain est une illusion qui protège du besoin et des frayeurs. Et quand des univers si

discordants se côtoient, c'est un enfer pavé de bonnes intentions. Je voudrais leur dire cette vérité en toute amitié, mais avec autorité en espérant qu'il l'entende aussi sûrement que l'éclair ou le tonnerre. Qu'on le veuille ou non, toute vérité éclate, explose et déchire l'air aussi violemment que les pluies de juillet.

Et moi, île-attente, île-espoir, j'ai tant de choses à raconter, tant d'incroyables voyages ordinaires qui me traversent, que la course du soleil ne suffirait pas à endiguer mon flux.

Chez moi,
on regarde passer le temps.
Chez moi, on achète,
dans une frénésie qui semble dire au temps de
s'accélérer.
Chez moi, on vend aussi,
pour acquérir encore et encore ou se départir
des illusions.
On éprouve sans cesse le besoin, de peur de
rater la bonne occasion, pire de manquer.
Chez moi, on étouffe aussi,
comme étranglé par l'arbre maudit.
Chez moi, on a faim
de petits riens qui paraissent déontiques.
Mais chez moi aussi,
on regarde si le voisin a les mains vides pour les
remplir de victuailles et de parfums,
on guette les ventres vides pour les rassasier,
on concède poissons, fruits et racines, comme
on offrirait des rêves de nouvelle lune,
on rivalise tous les jours avec la générosité de
ma mer et de ma terre.

Chez moi,
on accueille la pluie, le vent et le soleil,
on se souvient des jours calmes et tempétueux,
on peste parfois pour mieux rire des colères
dont on connaît les secrets,
on sait simplement en devinant,
on lit dans les yeux et les silences.

Mes habitants naviguent entre don et déni.
… Et moi, île équivoque, assagie par les siècles, j'accepte sans ambages la rivalité et la complicité, le combat et la douceur, la parole et les silences qui embrasent leurs jours, étreignent leurs sommeils et exacerbent leur âme. J'ai des enfants en colère, des enfants résignés, mais aussi des enfants inconsolables aux rêves toujours vivaces. Un jour, j'ai vu un homme entrer chez sa mère avec une colère inouïe qui le devançait, le suivait, le possédait, car il n'était pas certain de l'amour de la *femme de sa vie* ; il était prêt à en découdre avec qui voulait, même avec celle dont il rêvait, comme on dit, de partager toutes les nuits et tous les jours, celle dont il convoitait le cœur et le corps, les gémissements, les murmures, le souffle long et saccadé. Hanté par le refus de la *femme* qu'il voulait ravir, il cherchait la frénésie, le dérèglement, l'égarement, l'effroi et la démence de celui qui joue son va-tout mais qui ne se sait pas encore perdu. C'est peu de dire qu'il exigeait plus encore la rage, l'injustice, la vulgarité, la honte, l'opprobre et l'amour. Dans son insolence sans limite, il voulait ressembler aux voyous qu'il croisait dans les rues et ne savait plus s'il devait présenter la figure du bon, du doux, du généreux, qu'il offrait quotidiennement ou s'il lui fallait être détesté pour mieux s'enfermer dans sa souffrance. En nage, il ne savait plus

où poser le désarroi de son corps ; alors, il passa du dévouement à la fatuité, de la sujétion à l'insurrection, du viol des paroles à la tranquillité de celles qui obligent à l'enchantement de la félicité.

Son chemin était pierreux.

J'ai vu aussi la femme qui lui plaisait scandaleusement et l'envie de pleurer comme le *Nègre inconsolable* me submergea. Et puis, je me console en me disant que ceux qui s'adonnent au saccage des cœurs ne savent pas où est le bonheur, errent indéfiniment et présentent la face caverneuse d'une demeure semblable à celle d'un navire reposant dans les abysses. Lorsqu'ils héleront *à moi, au secours,* leur cri ne sera plus qu'un vague écho et personne ne viendra les hisser hors de ces profondeurs hadales qu'ils ont naïvement cultivées ne sachant pas que la malignité est une eau noire, insalubre, terriblement funeste. Mais, face à ces désastres sur pieds qui ne sont qu'un tourment de plus qui m'afflige, je me dis que s'il se peut encore pour moi, île de profitants, de petites grattes, qu'il y ait des regards sans blessures, des dons sans contreparties, des amours sans calculs, je peux espérer, croître, me dévoiler sans retenue, même si de temps à autre, des bonheurs inopinés me donnent du vague à l'âme et des rires inattendus me font sursauter, trembler, suffoquer.

Je ne veux plus enfouir mes secrets, je veux qu'on me connaisse dans mes heures fastes et moins glorieuses. Je ne voilerai plus ma bravoure, mes suffocations, mes capitulations et mes désirs aussi, car si j'ai un fort pouvoir de résilience, il ne faudrait pas me prendre pour une bourrique toujours prête à être bâtée et à subir tous les outrages. Je me languis d'un avenir bouleversant, quitte à surprendre les plus récalcitrants, quitte à les forcer à ne plus dire que je suis lente, hésitante, lunatique. Et pour clamer qui je suis, je reprendrai les mots du jeune homme aux quatre vents, je m'exclamerai : je suis de celles qui *sont secouées par la houle, mais dans une eau si limpide qu'elle fait oublier tout effort,* je suis aussi de celles qui s'aventurent dans des paysages qu'on dit parfois hideux mais qui font paysage. Ce sont des verrues sur ma peau que certains voudraient seulement douceur, couleur et saveur sapotille. Mais, je n'ai pas la peau d'un nouveau-né, des siècles se sont abattus sur elle avec leurs cortèges de fouets, de marinades, de saumure, de soleil et d'onguent. Elle prouve combien j'ai vécu, souri, ri, grimacé et pleuré. Moi-même ! comme disent mes habitants. Moi-même ! Je ne suis pas de celles qu'on invente à son désir, qu'on pétrit à souhait pour mieux les posséder. Je suis d'une autre trempe ! Je suis de la trempe des flâneurs nostalgiques à l'image de certaines de mes rivières qui prennent le temps de traînailler avant d'atteindre l'océan gobeur insatiable. Parfois, je suis d'une suffisance, d'une vanité, d'une arrogance qui m'affolent, mais si je ne prends pas soin de moi… qui le fera ?

JE CONNAIS le bien et le mal,
… et leurs mensonges.
JE CONNAIS les lois et la liberté,
… et leurs mensonges.
JE CONNAIS la raison et la passion,
… et leurs mensonges.
JE CONNAIS la plénitude et le vide,
… et leurs mensonges.

JE CONNAIS la joie et la tristesse,
... et leurs mensonges.
JE SAIS ce qu'il en est de la faim, de la soif, de la douleur, de la supplication, du châtiment, du crime, de la vie et de la mort,
... et de leurs mensonges.

ON DIT
qu'on choisit soi-même ses douleurs, mais quand le déni s'est répandu sur moi, je n'étais plus consciente tant les coups s'étaient déjà abattus sur mon dos courbé et pourtant insoumis ; je ne savais plus ni mon nom ni mon âge ni qui étaient mes parents. J'ai tremblé de la tête aux pieds, j'ai roulé des yeux comme une bête débusquée, j'ai serré les poings, j'ai mordu mes lèvres, et mon sang s'est répandu sur la terre, lui donnant l'aspect d'une belle argile de potier. Des hommes ont pissé sur mon sang en riant, m'ont injuriée, ont saisi un fouet, m'ont impitoyablement scarifié le dos, les fesses, les cuisses, et je ne savais plus ni d'où je venais ni qui étaient mes parents, mes frères, mes amis. Le noir et le froid ont fondu sur moi tandis que le vent séchait ma peau. Et quand la lumière m'a de nouveau enrobée, j'ai cherché le lieu secret de la mort pour me dissoudre comme un arc-en-ciel quand la pluie agonise doucement.

Je n'ai pas choisi mes douleurs.

Qui veut connaître mes secrets et mes trésors doit mesurer ses pas,
jauger ses regards,
estimer ses dons et sa vertu.

Qui veut venir à moi doit évaluer la route,
construire des chemins de traverse,
oser s'aventurer sur des sentes inédites,
car je ne suis pas des plus faciles.

Je suis comme ces hommes, ces ultimes *Justes dans la Solitude,* se délectant d'un simple *Plat de porc aux bananes vertes,* qui peuvent aimer passionnément sans retour ordinaire et qui l'acceptent humblement en refusant la tyrannie des conventions et des jugements éculés. Sachant que l'amour n'est qu'un océan capricieux qui accueille les nomades en quête d'ancrage et les mélancoliques à l'assaut d'enchantements, ils se sont peu à peu résolus à devenir la perplexité des possessifs, l'incompréhension des assurés et la moquerie des idiots tant les jours loin de l'allure de leur aimée, de son odeur, de son sourire, étaient épuisants. On les *regarde comme des moins que rien, des cocos secs,* on les *pille*, on les *dévaste*, mais ni guerrier, ni rebelle, ils cultivent sereinement le sublime dont parlent tous mes habitants et qu'ils pratiquent pourtant si peu. Ces hommes, semblables à un *beau capitaine* visitant son navire *de la cale à la cime du mât*, m'émerveillent à un si haut point que je les présente à tous les territoires que j'aborde pour leur donner l'envie de planter les mêmes germes de majesté et de noblesse dans le cœur de leurs habitants. Quand tout paraît perdu, n'est-ce pas une vertu que d'offrir simplement sa présence, son regard, son souffle et son indéfectible connivence plus forte que les voyages amoureux sans surprise ? Comme eux, je suis là, debout dans le vent qui connaît ma résistance et je ne suis ni une main qui quémande *men lonji* ni une âme qui se lamente *gro-dlo-pléré.*

Tout le monde est en quête de ma fêlure. C'est vrai. C'est bien. Mais est-ce pour me comprendre, me venir en aide, se moquer de moi ou me tuer une fois de plus ? Il y a tant d'hypothèses qu'une vie d'homme ne suffirait pas à les épuiser. Moi, je voudrais seulement qu'on me dise "parle-nous ; parle-nous de la souffrance, des humiliations, des blessures, des rancœurs, de l'espoir et de l'espérance".

Alors...,
je m'avancerai et clamerai qu'il y a des crimes qui alimentent des ressentiments tels qu'il est difficile de souder les fêlures quand le pardon n'a pas été invoqué. Et je dirai aussi qu'il est des lunes et des soleils, des tristesses et des joies, des rivières et des fleuves, des eaux douces et des eaux salées, des montagnes et des plaines, et qu'il y a l'adversité et la félicité. Je livrerai mes peines, mes doutes, ma témérité et mon opiniâtreté ; je parlerai de l'aversion qui m'envahit et de la paix qui m'accompagne, je ferai entendre mon frénétique rugissement et mon doux murmure se mêlant

à mes silences.

*****

LA COLLECTION LITTÉRAIRE ARPENTS

Collection dirigée par François-Pierre Nizery

Arpents, ce n'est pas simplement une « collection » de livres, c'est une livrée collective (le collectif est l'une des marques des éditions *Riveneuve*) qui prolonge l'esprit de la revue *Riveneuve Continents* en réunissant quelques arpenteurs de ces lieux mystérieux que sont les rêves et leurs contraires, les dessous du monde palpable qui déchire et enivre, tout ce qui nourrit l'esprit poétique.

Chaque auteur publié dans cette collection a sa façon à lui de nourrir cet esprit. La poésie des mots ne connaît pas les frontières du style. Elle peut se réfugier dans les vers et les rimes, quitter les rimes et aborder les rives inconnues des morceaux de paroles qui se croisent et s'entrechoquent sans se soucier du rythme et du sens, explorer la prose romanesque, celle des récits ou même des essais.

Arpents, c'est un espace littéraire où se déroule le fil invisible qui relie des écrivains de tous horizons, cheminant sur leur route, cultivant leurs arpents de terre d'insolence, prenant par la main leurs lecteurs et les invitant à y planter leurs propres radicelles.

Ouvrages déjà parus dans la collection :

- *Comme partout ta réverbération*
  Alain Sancerni

- *Rue du théâtre français*
  Sara Vidal

- *Éloge de la contemplation*
  Lyonel Trouillot

- *Chants de l'heur et d'ailleurs*
  François-Pierre Nizery

- *Keremma*
  François Lunel

- *Transhumances*
  Louis-Philippe Dalembert

- *Une maison à l'ouest d'à peu près tout*
  Sébastien Kérel

Achevé d'imprimer le 2 septembre 2011
sur les presses de
La Manufacture - *Imprimeur* – 52200 Langres
Tél. : (33) 325 845 892

N° imprimeur : 11399 - Dépôt légal : septembre 2011
Imprimé en France